U0643433

小语典

**语文教育文库**

为教师专业发展蓄力赋能

# 统编小学语文优质课例与深度评析

王林波老师和吴忠豪教授这样研讨课例

王林波
吴忠豪

——

著

济南出版社

**图书在版编目（CIP）数据**

统编小学语文优质课例与深度评析：王林波老师和
吴忠豪教授这样研讨课例 / 王林波，吴忠豪著.—济南：
济南出版社，2022.11（2024.4 重印）
ISBN 978-7-5488-5459-3

Ⅰ.①统…　Ⅱ.①王…②吴…　Ⅲ.①小学语文课
－教学研究　Ⅳ.① G623.202

中国国家版本馆 CIP 数据核字（2024）第 065985 号

统编小学语文优质课例与深度评析：
王林波老师和吴忠豪教授这样研讨课例
TONGBIAN XIAOXUE YUWEN YOUZHI KELI YU SHENDU PINGXI
WANG LINBO LAOSHI HE WU ZHONGHAO JIAOSHOU ZHEYANG YANTAO KELI
王林波　吴忠豪　著

出 版 人　谢金岭
责任编辑　张慧泉　高茜茜
装帧设计　付顽童工作室

出版发行　济南出版社
地　　址　山东省济南市二环南路 1 号（250002）
总 编 室　0531-86131715
印　　刷　济南龙玺印刷有限公司
版　　次　2022 年 11 月第 1 版
印　　次　2024 年 4 月第 2 次印刷
开　　本　170mm×240mm 16 开
印　　张　13
字　　数　156 千字
书　　号　ISBN 978-7-5488-5459-3
定　　价　58.00 元

如有印装质量问题 请与出版社出版部联系调换
电话：0531-86131716

**版权所有 盗版必究**

# 目录

1

# 自 序

2008 年，我代表陕西省参加了全国第七届青年教师阅读教学大赛，凭借《燕子专列》一课的教学，获得了一等奖及最佳教学设计奖。这个成绩应该说还算不错。经历了这次比赛，我更清楚地认识到，对于小学语文课的教学，自己需要研究的还有很多，必须静下心来，好好地钻研。

那时，我特别羡慕有些选手有名师做师傅，多幸福啊，他们的成长速度当然会很快。而我只是一个普通的一线教师，与名师的距离太远，也不认识他们，怎么办？另辟蹊径，我开始在网络上追随名师，对名师课例进行研究。

其实，我之前也看过不少名师的教学视频，读过不少名师的教学实录，但缺乏系统性。所以这次，我不仅要读要看，还要展开研究，让自己的课例研究更加深入。于是，我开始整理名师们的教学实录，下载他们的教学视频，进行研读深思。

就如何导入新课方面，我会把手里所有名师的教学实录加以整理，分析他们导入新课的方法；就课堂上出现意外如何处理方面，我会把看到的相关视频进行对比分析，总结提炼。每次研究完一个小主题，我就将自己的感受与收获用文字记录下来。就这样研究着课例，记录着收获，不知不觉中，我发现自己的课上起来更轻松、更有趣了。是的，我从课例研究中汲取了成长的力量。

2013 年，我代表陕西省参加了全国第五届小学语文教师素养大赛，那次，我孤军奋战，一个人背着包来到了南京。面对台下四千多位听课教师，台上的我没有紧张。我教学的《老人与海鸥》一课获得了评委的高分，让我在前三项成绩相对落后的情况下实现了逆转，最终获得了特等奖。这次比赛，我背后没有教学团队的支撑，没有智囊团的助力，靠的是什么？我想，靠的应该是过去五年扎扎实实的课例研究。

课例研究对于我的专业成长确实起到了非常大的作用，到今天，我已经坚持了十多年。

这样一个不错的课例研究方法，有没有可能让更多的教师也用起来，让更多的教师也能通过有深度的课例研究提升教学水平，实现个人专业成长的飞跃发展？我想是可以的。

当下，教师们使用的是统编版小学语文教材，如果能够给教师们提供统编版小学语文教材中的课例，他们一定会觉得更熟悉、更实用。研究的课例一定要经过实践的验证，这样研究的实效性才会更强。课例最好还能兼顾到不同学段、不同文体，如果把教师们不常看到的语文园地等的教学课例也囊括其中，那就更好了。

我原本准备收集相关的课例，但发现现在很多网站上的视频都设置了密码，收集有一定的难度。索性自己上吧！于是，从 2019 年开始，我着手做这件事。我开始研读教材、设计教学、制作课件、录制课程、整理实录。四年的时间里，我上了 150 多节统编版小学语文教材的公开课，实现了对全学段、全课型的覆盖。

课例研究的重点其实不在课上，而在对课例的剖析研讨上。很多教师也经常观课，很多学校的教研组也会组织教师们听课，但为什么效果不够好？我想，可能是因为更多的一线教师只看到了课堂呈现，而没有去挖掘这堂课背后的设计意图，没有领会教学原理是什么。要想进行课例研究，我们必须从这堂课中看到背后教者的设计意图和教学思考。

我想到了吴忠豪教授，他是一线教师非常喜欢的一位大学教授，他评课深入浅出，总能带给大家很多启示。吴忠豪教授之前做过校长，做过教研员，后来又在大学工作，可以说，他就是理论与实践完美结合的代表，如果他能来评析课堂教学，那教师们的收获一定不小。

虽然有些忐忑，但我还是鼓起勇气邀请了吴忠豪教授。吴教授也觉得这样的深度课例研究很有价值，能够给一线教师带来更直观的示范，对于提升学校教研活动的质量很有帮助。

于是，我们开始了行动。

为了带给教师们更直观的示范，我们决定用视频的方式来呈现对课例的剖析。临近 2019 年春节，我才整理好了上课的视频，发给了吴教授。没想到春节后不久，吴教授就将评析课例的视频发了回来。

打开视频，我被深深地震撼了。吴教授的评析非常细致，比如课堂上学生朗读用了多长时间，哪个学生是如何回答问题的，他都做了细致的评析。看到这里，我能想象到他认真观课、详细记录的画面；我也能推测到在过去的二十天里，他花了多少时间观课记录、剖析整理。为了更直观地呈现评析内容，每节课的评析吴教授都制作了课件。他花费了大量的精力就是为了让教师们更真切地看到研讨课例的过程，得到更大的启示。

吴教授不仅评课深入浅出，能够带给教师们很大的启示，而且年过花甲，信息技术水平还那么高超。我看到他录制的评课视频都是高清版的，就问是谁帮着录制并剪辑的。吴教授说："是我自己录制的，录好后做了些剪辑。"天哪，那一刻我有些愧疚：我能自己录制高清视频吗？我自己会进行后期的剪辑吗？吴教授简直太厉害了！

因为我的每一课都是精心设计的，录制得很用心，加上吴教授深入浅出的点评，录制效果也很好，所以这个课程一经推出就深受一线教师的欢迎。于是，到了 2020 年秋季，我跟吴教授又推出了第二期课程，展现的依然是深度的课例研究，依旧得到了教师们的一致好评。

两期课程涵盖了小学阶段的三个学段，包括阅读教学、习作教学、口语交际教学以及语文园地的教学，这样全学段、全课型的课例研究对一线教师来说是很有帮助的。视频版的课程深受教师们的欢迎，于是，我跟吴教授商量，精选其中的课例和评析，把最具代表性的篇目集合起来出一本书，这样教师们就可以随时翻阅了，对教师们的教学研究帮助会更大。吴教授很赞同我的想法。

一线教师可能看不到一节课背后的设计原理，没有关系，那就看看吴教授是怎样剖析的；学校要组织课例研讨不知道该如何着手，不要着急，看看这本书，一定会得到启示。

在这本书中，一线教师不仅可以看到统编课该如何上，还能读懂好课背后的教学原理，这对于一线教师提高教学能力是很有帮助的；在这本书中，一线教师还能看到课例研究的方法，了解如何有效地评课、从哪些角度评课，这对于提升教研组活动的质量是很有启示的。

在各类杂志上，大家经常会看到名师点评的课例。但吴教授评课的特点是不仅肯定优点，还会指出不足之处，从学理的角度进行剖析，并且会给出改进建议。这对于提升教师们的课例研讨品质是非常有帮助的。教师们看不到的问题，吴教授会告诉大家；教师们想不到的改进办法，吴教授也会告诉大家。

要想提高自己的教学水平，要想提升学校教研活动的质量，这本书，你应该读一读。

第一辑

散文教学

引导学生自己去感受课文语言表达的精彩，发现作者想象的丰富，发现作者文章构思的精巧，这样对提高学生的阅读质量，培养良好的阅读习惯会更有好处。

# 借助变化与想象，让世界变得奇妙

## ——三年级下册《我们奇妙的世界》教学实录及深度评析

📑 **教学过程**

### 一、借助图片，激发学习兴趣。

师：同学们，今天上课前王老师先要请大家看几张图片，我们来看看第一张图片，这是什么？

生：月亮。第一个是圆月，第二个是月牙。

师：我们都见过月亮，甚至还会背关于月亮的诗呢，谁来试试？

（一生背诵《静夜思》。）

师：我们继续来看图片，这两张图片是——

生：一个是蓝天白云，一个是夜晚闪烁的星星。

师：有没有想到一首歌曲？

生唱：一闪一闪亮晶晶，满天都是小星星。

师：我们继续看图片，下一张图片出现时，估计大家会欢呼。来，看看这是什么？

生：这是下雪的图片。下雪时我们都很开心，因为可以堆雪人、打雪仗，还意味着快过年了。

师：再看看旁边的这幅图，这是——

生：冰柱。冬天特别冷的时候，冰柱会出现在屋檐上。

师：谁见过它？

生1：有一次在老家过年，洗完的衣服挂在外面，结果衣服下面就出现了好几根冰柱。

生2：我还被冰柱袭击过。有一次，我走到屋檐下，几根冰柱从上面掉了下来，差点儿砸到我，很危险。

师：我们继续看图片，这两个熟悉吧！

生3：一个是枫叶，一个是蝴蝶。

生4：我还捕过蝴蝶。去年，我和朋友一起去抓蝴蝶，我们拿网子准备抓蝴蝶，结果发现捕到了一只蛾子。

师：大家再看这是什么？

生：前面的是暴雨，后面的是露珠。

师：刚刚我们说到的这些事物大家都见过，很熟悉，也很普通。如果我说到一个词——奇妙，仿佛跟这些事物没什么关系。但是我要告诉大家的是，有一位作家就写了这些看似熟悉、普通的事物，文章的题目却叫《我们奇妙的世界》。他是如何把普通的事物写出奇妙的感觉的呢？这节课我们就来学习这篇课文。

## 二、学习字词，展开联想。

师：请同学们打开语文书，读一读这篇文章，注意读准字音、读通课文，勾画出课文中写到的奇妙景象来。

（生自由读课文，师巡视指导。）

师：同学们，大家在刚刚读课文的过程中，有没有发现一些表示颜色的词？

生1：粉红色、蔚蓝色。

生2：金色、红色、紫色。

生3：鲜红色、深紫色、浅黄色、金黄色。

师：我们来读一读这些表示颜色的词语吧！

| 课件出示 |

粉红色 蔚蓝色 又黑又重 金色 红色 紫色

鲜红色 深紫色 浅黄色 金黄色

（生读词语，积累词语。）

师：如果我说到天空的珍藏，你会读哪些词语？

生：粉红色、蔚蓝色、又黑又重、金色、红色、紫色。

师：如果我说到大地的珍藏，你会读哪些词语？

生：鲜红色、深紫色、浅黄色、金黄色。

师：这个世界的颜色可真丰富啊，我们一起来读课题——

生：我们奇妙的世界。

师：同学们发现了没有，作者写我们奇妙的世界是从两方面来写的——

生：作者是从天空和大地两方面来写的。

师：我们再来看一组词语，谁会读？可以举手。

| 课件出示 |

太阳 水洼 水珠 群星闪烁 垂下的冰柱

大火球 镜子 珍珠 蜡烛发光 锋利的刀剑

（多生认读词语。）

师：同学们，这两组词是有关系的，我读上面一个词，你想到了下面的哪个词就可以读出来。我读水珠，你读——

生：珍珠，因为水珠就像珍珠，作者把水珠比喻成了珍珠。

师：特别好，再来一个，我读水洼，你读——

生：镜子，因为作者把水洼比作了镜子。

师：现在开始我们直接读词语，群星闪烁——

生：蜡烛发光。

师：垂下的冰柱——

生：锋利的刀剑。

5

师：水洼——

生：镜子。

师：太阳——

生：大火球。

师：水珠——

生：珍珠。

师：看到眼前的某种事物，我们就可以联想到另一种相关的事物，于是，我们的世界就变得更加奇妙了。我们现场试试，就像刚才那样读，我读圆月——

生：圆月，课文中没有。那我对月饼。

（众生大笑。）

师：能不能改一下？

生：玉盘。

师：真好，进步很大，我们继续，我读闪闪的星星——

生1：小小的蜡烛。

生2：眨着的眼睛。

师：我读潮湿的土地——

生3：棕色的海绵。

生4：泡过的奥利奥。

师：看，发挥我们的想象，事物是不是变得更有意思了！

### 三、落实语用，感受世界的奇妙。

1. 写出变化，让世界变得奇妙。

师：同学们，《我们奇妙的世界》这篇课文写到了天空，也写到了大地，我们先来看作者为了把天空写清楚，都选择了天空中的什么来写。请同学们自己读一读课文的前半部分，勾画出相关的事物来。

（生自由读课文，勾画。）

生1：我勾画的有云彩、太阳。

生2：还有雨点、落日、群星。

师：大家看，为了把天空写清楚，作者选择了多种事物来写。这些事物我们也都见过，好像挺普通的，作者是怎样写出奇妙的感觉的呢？我们先来读读这两段话，看一看你有什么发现。

---

**| 课件出示 |**

　　清晨，太阳升起，带来新的一天。开始，天空呈粉红色，慢慢地变成了蔚蓝色，太阳就像一个大火球一样升起来了。

　　一天结束了，落日的余晖不时变幻着颜色，好像有谁在天空涂上了金色、红色和紫色。

---

师：大自然之所以奇妙，不仅仅是因为它拥有丰富的事物，大自然还像是一个魔术师，能让这些事物发生变化，你发现了没有？

生1：天空开始是粉红色的，后来变成了蔚蓝色。

生2：落日的颜色也在不断变化，金色、红色和紫色。

师：说到"变"，在这段话中就有一个相关的词语。

生：变幻。

师：说到"变幻"，我立刻就想到了——（师板书：变换）。两个词语读音完全相同，但意思是不同的。大家看王老师手里拿着两支粉笔，刚才用白色书写的，现在变换了一种颜色，应该用哪个词？

生：变换。

师：当一种事物变成另一种事物的时候，我们就用这个"变换"。"变幻"可就不同了，它的变化是多样的、丰富的。大家看这个句子：一天结束了，落日的余晖不时变幻着颜色，好像有谁在天空涂上了金色、红色和紫色。它变幻的颜色有几种？

生：有三种，金色、红色、紫色。

师：有一篇文章写天空中的颜色变化写得特别好，叫作《火烧云》。我们来看看其中一个片段。

| 课件出示 |

　　这地方的火烧云变化极多，一会儿红彤彤的，一会儿金灿灿的，一会儿半紫半黄，一会儿半灰半百合色。葡萄灰、梨黄、茄子紫，这些颜色天空都有。还有些说也说不出来、见也没见过的颜色。

（生齐读《火烧云》片段。）

师：这段话中有很多颜色，谁发现了？

生1：有红彤彤、金灿灿、半紫半黄、半灰半百合色。

生2：有葡萄灰、梨黄、茄子紫。

师：同学们，不时地变幻就是说接下来还会出现其他色彩，而且你也说不上来是哪个。谁能够把上面描写颜色的词带到这个句子中来读一读？

| 课件出示 |

　　一天结束了，落日的余晖不时变幻着颜色，＿＿＿＿＿＿＿＿＿＿。

　　生1：一天结束了，落日的余晖不时变幻着颜色，好像有谁给天空涂上了葡萄灰、梨黄、茄子紫。

　　生2：一天结束了，落日的余晖不时变幻着颜色，一会儿是葡萄灰，一会儿是梨黄，一会儿是茄子紫。

　　生3：一天结束了，落日的余晖不时变幻着颜色，一会儿红彤彤，一会儿金灿灿，一会儿半紫半黄，一会儿半灰半百合色。

　　师：非常好，这就是颜色的变幻。这个"幻"是本课的生字，有一个字跟它很像（师板书：幼），这是——

　　生：这是"幼"字，我上的是陕西师范大学幼儿园。

　　师：对，幼儿园门口就有这个字，我们天天都能看到，大家早就认识了。比一比，你们发现"幻"和"幼"的区别了吗？

　　生：幼儿园的"幼"比变幻的"幻"多了一撇。

（师示范书写后生练习，师相机指导。）

　　师：大自然真的像魔术师一样，不仅可以变幻出很多颜色，还能变出不同的形状来，我们来读一读下面的句子，看看有什么发现？

> **｜课件出示｜**
>
> 　　有时，云彩在蓝色的天空中飞行，如同经过雕饰一样，呈现出各种奇妙的形状，告诉我们许多奇妙的故事……

师：你们读到哪个词时发现云的形状真不少？

生1：许多。

生2：各种奇妙的形状。

师："许多"和"各种"都能让我们感受到形状之多，不同的形状就有不同的故事。《火烧云》这一课也有对云的形状的描写，我们来读一读，看看在这一课中云变成什么了。

> **｜课件出示｜**
>
> 　　一会儿，天空出现一匹马，马头向南，马尾向西。马是跪着的，像等人骑上它的背，它才站起来似的。过了两三秒钟，那匹马大起来了，腿伸开了，脖子也长了，尾巴却不见了。看的人正在寻找马尾巴，那匹马变模糊了。
>
> 　　忽然又来了一条大狗。那条狗十分凶猛，在向前跑，后边似乎还跟着好几条小狗。跑着跑着，小狗不知哪里去了，大狗也不见了。

（生自读这一段话。）

生1：火烧云变成了一匹马。

生2：一会儿又变成了一只大狗。

师：发挥你们的想象，想想看，天空中的云，除了变成一只狗，变成一匹大马，还会变成什么样子？

生3：会变成一只大熊。

生4：会变成一辆汽车。

生5：有时候会变成一朵棉花糖。

生6：还会变成各种各样的水果。

生7：我有一次爬山的时候，在山顶发现了一朵特别像狗的云，身上还有很多的斑点。我还发现了对面一条像青龙一样的云。

师：这就是我们奇妙的世界。原本可能普通的事物，作者写出了它的变化，于是就变得有意思了，变得奇妙了。

2. 发挥想象，让世界变得奇妙。

师：云彩变呀变，有时候会变黑，它就下雨了，雨后出现了这样的情景——

**| 课件出示 |**

> 雨后，我们会看到地上有许多水洼，就像有趣的镜子，映射着我们的脸。

（生齐读句子。）

师：同学们，雨后地上的水洼谁都见过，看到地上有水洼，你们会干什么？

生1：我会踩水，而且是等别人来了才踩。

师：溅别人一身啊，你太调皮了。

生2：我会用一把水枪，吸干水洼里的水，然后射出去。

生3：上次我看到一个小男孩一屁股坐到了水洼里。

师：水积得久了，里面就有滑滑的、像苔藓一样的东西，一踩就滑倒了。这样也能把水溅出去，但溅水的方式很特别。

生4：他是用屁股溅的水。

（生笑。）

师：你们看，这个水洼是不是很有意思？课文中说，在水洼里可以看到我们的脸，还可以映衬出什么？

生1：还可以映衬出小花小草，天空中的太阳。

生2：还可以映衬出高楼和大树。

生3：还有人和汽车。

师：是啊，当我们拥有想象力的时候，普通的事物就变得有趣了。像这样有着丰富想象力的句子课文中还有好几处，就在第 2~8 自然段，大家读一读课文，找一找。

（生自读课文，勾画句子后交流。）

生1：太阳就像一个大火球一样升起来了。

生2：黑夜降临了，我们看见夜空中群星闪烁，就像千千万万支极小的蜡烛在发光。

师：特别好，这两个句子咱们一起来读一读。

┃ **课件出示** ┃

清晨，太阳升起，带来新的一天。开始，天空呈粉红色，慢慢地变成了蔚蓝色，太阳就像一个大火球一样升起来了。

黑夜降临了，我们看见夜空中群星闪烁，就像千千万万支极小的蜡烛在发光。

（生齐读。）

师：同学们看，要让我们的世界变得奇妙，可以写出变化，还可以写出什么？

生：想象。

师：对，要发挥想象。有想象，世界就会变得更有趣了。刚刚开课的时候，我们提到了这样几个词语：圆月、星星、潮湿的土地。如果让你来想象，你会怎么说？同桌先互相说一说，练习练习。

（同桌练习后进行全班交流。）

生：潮湿的土地，我们可以把它想象成奥利奥碎。

师：如果用一句话来说，你会怎么说？

生：雨后，土地变得潮湿了，像极了泡在牛奶里的奥利奥碎。

师：非常好，我们继续想象。

生1：晚上，圆月高高地挂在天空，就像瑶台镜。

生2：作为吃货的我会这样想象，湿润的土地像巧克力碎，星星像星星形状的饼干，月亮像一个大大的月饼。

生3：黑夜降临了，我看到天空中群星闪耀，像一只只眨着的眼睛，圆月像是张大的嘴。

师：同学们描绘的世界太奇妙了。一开始上课的时候，我们眼中的世界还是普通的，但现在变得奇妙了，因为我们学会了运用想象，我们还应该做些什么让这个普通的世界变得奇妙呢？下节课我们继续学习。今天只是一个开端，希望大家都能发现这个世界的奇妙。今天要给大家留作业：一是朗读课文，积累精彩的语段；二是仿写句子；三是推荐大家阅读《我的自然笔记》。这本书获得了美国《学习》杂志"教师、家庭必选"奖，希望大家认真去读一读这本书。

## 深度评析

王老师的这堂课上得非常轻松、活泼，学生学得很开心。语文老师读这个课例可以获得不少启发。下面我谈几点体会。

一是精心设计词语教学。王老师的词语教学设计很有特点，非常用心。他并没有集中出示课文词语，而是采用分组教学词语的方法。首先第一组出示有关颜色的词语，把课文中表示颜色的词语归在一起让学生学习，让学生通过文中表示颜色的词语感受奇妙世界。这也为学生后面运用词语做了准备。第二组出示两行词语，上排出示"太阳、水洼、水珠、群星闪烁"等，而下面一一对应出示"大火球、镜子、珍珠"等。接着上下对应读词语，让学生体会课文中运用的比喻的修辞手法，把太阳说成火球，水洼比作镜子……这为后面指导学生想象、联想巧妙地做了铺垫。第三组词语"圆月、星星、潮湿的土地"也是为后面的说话练习提供素材和指引的。可见王老师分组进行词语教学，目的明确，每一组词语分类编排都有目的，独具匠心，可以发挥多方面的作用。这样设计词语教学是很费心思，也很辛苦的，但可以大大提高课堂教学的效率。

二是正确处理单元语文要素。这篇课文所处单元的语文要素是"了解课文是从哪几方面把事物写清楚的"，涉及文章的结构，指向文章的写作顺序。《我们奇妙的世界》是从哪几方面写清楚的？这个问题其实不难，学生一读课文就可以知道是从"天空的珍藏"和"大地的珍藏"两方面来写的。但是课后练习题要求厘清课文分别是从哪几方面写天空和大地的，这个问题如何回答就比较复杂了。我们梳理课文天空这部分的写作顺序就会发现文中先后写了清晨、白天、雨后、一天结束和夜幕降临，主要是按时间顺序来写的，而不是按几方面写。王老师发现这个问题不好回答，所以教学中对这个问题及时进行调整，改为"天空珍藏了哪些东西"，让学生按照文章的行文思路正确地进行思考，学生就明白作者其实是从太阳、云彩、雨点、落日这几个方面来写"天空的珍藏"的。可见王老师对课后练习题的处理是很动脑筋的，旨在引导学生按照正确的思路思考问题。在这篇文章中，语文要素怎么落实？如果按照课后习题的方式去引导、去深究，很容易搞乱学生的思维。王老师在教授这篇课文时没有对这个问题进行深究，只是巧妙地结合词语教学提示学生："同学们发现了没有，作者写我们奇妙的世界是从两方面来写的——"学生回答："作者是从天空和大地两方面来写的。"可见，只要导向正确，学生对课文从几方面写事物这个问题的理解并不难。

　　这篇课文语文要素到底怎么落实？我认为可以等这个单元三篇课文全部学完，再回顾总结这个单元的课文是从哪几方面来写一样事物的。通过对整个单元文章的横向对比，搞清楚每篇课文的写作顺序就能够对这个问题有大概的认识。其实理解文章结构顺序对三年级学生来说要求略显高了，王老师采用这样的方式处理语文要素，我很赞同。如果搞得太过复杂，反而会搅乱学生的思维。

　　三是重视学生的表达训练。王老师结合课文设计了多次表达练习。第一次表达练习是讲到"一天结束了，落日的余晖不时变幻着颜色……"时，要求学生"把上面描写颜色的词带到这个句子中来读一读"，引导学生联系《火烧云》描写颜色变化的方式说说落日余晖颜色的变化。这个练习花的时间不多，但非常有效。

　　第二次表达练习是结合课文中的句子"云彩在蓝色的天空中飞行，如同经过雕饰一样，呈现出各种奇妙的形状，告诉我们许多奇妙的故事……"，引导学生想象云彩的形状，会有什么样的故事。这个表达练习用时五六分钟，学生的想象力和表达能力都得到了训练。

第三次表达练习是在这堂课的最后："圆月、星星、潮湿的土地。如果让你来想象，你会怎么说？同桌先互相说一说，练习练习。"这是一个结合想象的综合性表达训练。学生说话之前，王老师引导学生读了课文中几个典型的句子："清晨，太阳升起，带来新的一天。""黑夜降临了，我们看见夜空中群星闪烁，就像千千万万支极小的蜡烛在发光。"先体会这些句子是如何写出奇妙之感的，再让学生举一反三，模仿这些典型的范句进行想象表达。这次表达练习的意图非常明显，就是要模仿课文中典型的范句学习表达。这样的表达练习，学生最容易吸收、内化课文中有新鲜感的语句，能有效提高学生语言表达的质量。王老师在组织方式上也颇动脑筋，先是学生自己想象说话，再是同桌交流，最后全班交流。这次表达练习很有设计感，很有层次，环环紧扣，可以充分引发学生的想象与联想，学生相互补充，集思广益，让语言表达练习落到了实处，可以看出王老师的设计非常精巧。

最后讨论一个我听课时想到的问题：语言表达练习怎样设计更有效，更有利于提高学生表达的质量？

这堂课语言表达练习总共设计了三组，都是结合课文内容展开的。但几组表达练习似乎缺少内在联系，显得有点松散。我觉得表达练习不一定要多，但最好能前后连贯，由易到难，形成一个整体。

第二次表达练习是让学生用自己的语言来编故事。这个练习可以启发学生想象，但是对提高学生的语言质量效果不好。学生的兴奋点是编故事，用的是自己的大白话，课文中高质量的语句并没有在学生的话语中体现。语文课的重点不能仅仅落实在想象上，而是要落实在把自己想象的内容用高质量的语言表达出来上，要引导学生模仿运用课文中生动的句子来提高自己的语言表达质量。

这里我们再深入讨论课文中几个典型的句子。"雨后，我们会看到地上有许多水洼，就像有趣的镜子，映射着我们的脸。"这样的句子学生当然写不出来，学生写的句子大致是："雨后，地上就会有水洼。"老师如何指导？最好是带领学生比较发现作者的后半句通过想象和联想将水洼写得很有趣，写得很奇妙。这样就能从课文中汲取作者的句子表达经验。又比如，"黑夜降临了，我们看见夜空中群星闪烁，就像千千万万支极小的蜡烛在发光"，这个句子写得很漂亮。如果换成学生就可能写成"天黑了，我们看见天上星星闪烁"。通过比较，学生就能发现自己用词造句和课文中语句的差异，就能体会作者为何能把夜空写得这么生动，这么奇妙——除了要有想象力，还要有用词造句的精心雕琢。

三年级的词句教学是要教会学生怎么用词，怎么写句子；有新鲜感的句子让学生画出来，画出来以后要比较新鲜感在哪里；要知道好的句子为什么好；要通过比较寻找课文语言和学生自己语言的差异。学生在反复对照中发现语言差异才能真正将课文语言内化成自己的语言。

第三次语言表达练习，我建议让学生在分组讨论的时候，不仅只是编故事，还能指向用高质量的语句把土地、月亮写得更美，更富有想象力。写完以后交流，看看哪个组的同学表达得更巧妙。在这个基础上，学生再写冰刀、冰柱、雪花，那就简单了很多。最后让学生将讨论后的内容组织成流畅的文字写下来。这样，学生才能深刻地体会到怎么把句子写精彩、写生动、写得富有想象力。

# 最适宜的，才是最美的

## ——五年级上册《白鹭》教学实录及深度评析

📋 教学过程

### 一、导入新课，激发兴趣

1. 诗句导入，欣赏白鹭的图片。

师：同学们，课前大家背了好几首诗，我们再来背一首，怎么样？杜甫的《绝句》会背吗？

（师指名背诵后，全班齐声背诵。）

师：这首诗的前两行里提到了两种鸟的名称，它们是——

生：黄鹂和白鹭。

师：黄鹂是什么颜色？

生：黄色。

师：白鹭是什么颜色？

生：白色。

师：大家见过白鹭吗？

生：没有。

师：现在我们就来看看白鹭是什么样的。

（课件出示白鹭图片。）

师：大家特别留意一下这里（师指白鹭的蓑毛），这是——

生：蓑毛。蓑毛看起来毛茸茸的，摸起来很软，很舒服。

师：是啊，这就是蓑毛，明白了吧。继续来欣赏白鹭的图片。

（课件出示一组白鹭图片，生欣赏。）

师：同学们，现在你们认识白鹭了吧？

生：认识了。

2. 看图比较，了解白鹭的特点。

师：下面的这幅图是白鹭吗？

（课件出示图片，生看。）

生：这个应该不是白鹭，它的脖子和尾巴是黑色的，白鹭的这些部位是白色的。

师：说得很有道理，这确实不是白鹭，这是——

生齐：白鹤。

师：大家比比看，白鹭和白鹤还有什么不同呢？

生：白鹭要小一些，白鹤大一些。

师：我们继续看下面的这幅图，这是白鹭吗？

生1：这个肯定不是，白鹭是白色的，这种鸟的羽毛发红，是淡红色的。

生2：而且也比白鹭个头大一些。

师：知道它的名字吗？

（生摇头。）

师：这是朱鹭，朱的意思就是红。大家看，朱鹭除了羽毛，爪子、嘴巴都是红色的。我们再来看看下一幅图，这是白鹭吗？

生：不是，它是灰色的。

师：这确实不是白鹭，它的名字叫苍鹭。不仅颜色不同，它的个头也要比白鹭大一些。今天，就让我们学习这篇课文，了解这美丽可爱的白鹭。看老师板书课题（师边板书课题，边讲解），"白"表示它的颜色，"鹭"上边的部分是——

生1：路，马路的路。

生2：我知道这个字是形声字，上半部分表示它的读音，下半部分表示它的意思。

生3：白鹭是一种鸟，所以是鸟字底。

师：说得很好，我们一起来读课题。

（生齐读课题。）

## 二、学习字词，整体感知

1. 结合语句，学习生字词语。

师：白鹭到底有多么漂亮，多么优雅呢？现在就让我们打开语文书，读一读课文，注意把字音读准，句子读通顺。

（生自读，师巡视。）

师：刚刚大家读得非常认真，我相信你们一定把课文读通顺了，下面的句子，谁来读给大家听听，我们看看字音读准了没有。

> **┃课件出示┃**
>
> 白鹤太大而嫌生硬，即使如粉红的朱鹭或灰色的苍鹭，也觉得大了一些，而且太不寻常了。

（一生读。）

师：比较流畅，慢一些会更好。谁再来读？

（一生读后，全班齐读这句话。）

师：这句话虽然比较长，但同学们读得很好。我们来看下一句。

> **┃课件出示┃**
>
> 那雪白的蓑毛，那全身的流线型结构，那铁色的长喙，那青色的脚，增之一分则嫌长，减之一分则嫌短，素之一忽则嫌白，黛之一忽则嫌黑。

（一生读句子。）

师：读得不错，注意这两个词（课件中"蓑毛、长喙"变为红色），谁来读读？

生：蓑毛、长喙。

师：这两个难读的词大家读得很准，现在，我们再把这句话读一读。

（生齐读这句话。）

师：这句话中有一个"黛"字，根据字形，大家猜猜它可能是什么意思？

生：这个字下面是个"黑"字，意思可能是黑。

师：非常好。"喙"呢？

生："喙"是口字旁，就是嘴的意思。

师：原来喙就是我们非常熟悉的嘴啊。说到嘴，你有吗？

生：有。

师：我们的嘴可以称为"喙"吗？

生：不可以。

师：为什么？

生：只有鸟的嘴才叫喙。鸟的嘴长长的，硬硬的，我的嘴不长，也不硬。

（全班大笑。）

师：哦，我知道了，你的嘴不长，也不硬。

（该生也笑了。）

师：你的理解很到位，不过表达得有些歧义。我们再来读读这个词。

生齐：长喙。

师："蓑毛"是什么意思，看着这幅图，谁能说说？

（课件出示图片。）

生：就是白鹭背上像蓑衣一样的软软的羽毛。

师：非常好，我们再来读读这两句话。

---

**| 课件出示 |**

白鹤太大而嫌生硬，即使如粉红的朱鹭或灰色的苍鹭，也觉得大了一些，而且太不寻常了。

那雪白的蓑毛，那全身的流线型结构，那铁色的长喙，那青色的脚，增之一分则嫌长，减之一分则嫌短，素之一忽则嫌白，黛之一忽则嫌黑。

---

（生齐读。）

师：这两句话中有一个字重复出现了多次，哪个字？

生：嫌。

师：对，就是这个"嫌"字，它是本课的一个生字。看到这个字，我立刻就想到了它的一个形近字，你想到了哪个形近字？

生：谦虚的"谦"。

师："谦"还可以怎么组词？

生：谦让、谦逊。

师：你还想到了哪个跟它相像的字？

生：道歉的"歉"，可以组词"歉意"。

师：很好，今天我们学习的生字是"嫌"。这个字左边是"女"，书写时注意横变成了提，不出头。生活中你有没有听到过这个"嫌"字？

生：妈妈嫌弃我不洗脚。

师：讲卫生很重要啊，看来你得注意了。

生：妈妈嫌我写作业太磨蹭。

师：专心写，你的效率会更高。

2. 引导概括，了解课文大意。

师：我们再来读读下一句话。

> **┃ 课件出示 ┃**
>
> 　　在清水田里，时有一只两只白鹭站着钓鱼，整个的田便成了一幅嵌在玻璃框里的画面。田的大小好像是有心人为白鹭设计的镜匣。

（一生读句子。）

师：读得很流畅，而且字音读得很准确，非常好！同学们，我们还可以边读句子边想象画面，读着这句话，你想到了白鹭在干什么？

生：两只白鹭在用它们尖尖的嘴钓鱼。

师：我们可以用四个字来形容这个画面，试试看。

生：水田钓鱼。

师：钓鱼对于白鹭来说是一件非常普通的事情，几乎天天都在干，可在作者笔下却成了一幅非常美的画，作者真善于表达。再看看这段话里的两个生字："框"和"匣"。这两个字有特别像的地方，你发现了吗？

生："框"的右边和"匣"很像。

师：该怎么写呢？

生："框"的右边和"匣"的笔顺是一样的，都是先写横，然后写里面的"王"或者"甲"，最后写竖折。

师：非常好！看老师来写，大家拿出手，跟老师一起写。（师示范书写：框、匣。）

师：我们继续读句子，下面的这个句子也很长，谁能读好？

| 课件出示 |

> 晴天的清晨，每每看见它孤独地站立于小树的绝顶，看来像是不安稳，而它却很悠然。这是别的鸟很难表现的一种嗜好。人们说它是在望哨，可它真是在望哨吗？

师：读得真不错，尤其是这个词"嗜好"，我们再读一遍。

生：嗜好。

师：这个词语是什么意思？

生：很特别的爱好。

师：你知道谁有哪些嗜好吗？

生1：我爸爸的嗜好是抽烟，他的牙齿都变黑了。

生2：我爸爸的嗜好是喝酒，他经常会喝醉。

师：同学们，这段话描写的画面，如果用一个词来形容的话，你会用——

生3：枝头望哨。

生4：枝头独立。

师：都不错。其实站在枝头也是白鹭经常干的事儿，但是作者写出来却非常美，真好。谁来读下一句？

---
**| 课件出示 |**

黄昏的空中偶见白鹭的低飞，更是乡居生活中的一种恩惠。那是清澄的形象化，而且具有生命了。

---

（一生读句子，师引导正音。）

师：我们也用四个字来形容这句话描写的画面，谁来试试？

生：空中低飞。

师：水田钓鱼、枝头独立、空中低飞，这样的画面多美啊！不仅这样的画面很美，白鹭也很美，我们接下来读读这两句话。

---
**| 课件出示 |**

白鹭是一首精巧的诗。

白鹭实在是一首诗，一首韵在骨子里的散文诗。

---

（师指名读，生齐读。）

师：这两句话出现在课文的什么地方？

生1：开头和结尾。

生2：是首尾呼应的。

## 三、学习课文，体会情感

1. 品读句子，感受用词的精准。

师：是的，课文首尾呼应，开头和结尾都在说白鹭像诗一样，确实太美了。现在就让我们读读课文第二自然段，感受它的美。

生：色素的配合，身段的大小，一切都很适宜。

师：无论是它的颜色，还是它的大小，在作者眼中，用一个词来形容恰到好处，这个词是——

生：适宜，而且是一切都很适宜。

师：是啊，一切都很适宜，不多一点，不少一点。当你读到"一切都很

22

适宜"时，你应该立刻想到刚刚我们读过的一段话。

生：对，课文第五自然段。

师：是啊，你看，色素的配合，那么适宜——

生：素之一忽则嫌白，黛之一忽则嫌黑。

师：在作者眼中，白鹭的大小也是适宜的，你可以读课文第五自然段中的哪句话？

生：增之一分则嫌长，减之一分则嫌短。

师：在作者看来，白鹭的一切都很适宜，我们一起读这段话。

生：增之一分则嫌长，减之一分则嫌短，素之一忽则嫌白，黛之一忽则嫌黑。

师：这段话作者表达得很有特点，前面说"增"，后面就说——

生：减。

师：前面说"长"，后面就说——

生：短。

师：前面说"素"——

生：后面说"黛"。

师：前面说"白"——

生：后面说"黑"。

师：作者的用词真是恰到好处啊！像这样的语言，应该积累下来，我们练习背一背吧！

（生练习背诵后齐声背诵。）

师：谁可以单独试一试？

生：增之一分则嫌长，减之一分则嫌短，素之一忽则嫌白，黛之一忽则嫌黑。

2. 借助资料，落实语言的运用。

师：其实，这样的写法并不是这位作家的原创，咱们来看看先秦时期宋玉的这段文字。

| 课件出示 |

登徒子好色赋

【先秦】宋玉

东家之子，增之一分则太＿＿＿，减之一分则太＿＿＿；著粉则太＿＿，施朱则太＿＿＿；眉如翠羽，肌如白雪；腰如束素，齿如含贝。

师：宋玉的《登徒子好色赋》原文是怎么写的呢，我并没有出示完整的内容，大家可以根据课文中的表达特点，联系上下文，大胆地猜一猜。谁来试试？东家之子，增之一分则——

生：太高。

师：减之一分则——

生：太低。

师：著粉则——

生：太白。

师：施朱则——

生：太红。

师：大家的猜测非常有价值。那猜得对不对呢？我们来看看原文。

| 课件出示 |

登徒子好色赋

【先秦】宋玉

东家之子，增之一分则太长，减之一分则太短；著粉则太白，施朱则太赤；眉如翠羽，肌如白雪；腰如束素，齿如含贝。

（生齐读。）

师：大家猜测得很对，非常好！其实，在很多时候，我们可以尝试着把别人写得特别好的语言改编为我们自己的表达。刚刚我们读的这段话写得非常好，我们再来读一读，争取积累下来。

（生反复读，尝试背诵。）

师：大家反复读了很多遍，如果你关注了这段话的前半部分，可能你已经发现了，作者引导着我们关注的是白鹭的什么？

生：白鹭雪白的蓑毛，流线型的结构，铁色的长喙，青色的脚。

师：哪个字引领着我们关注这些了？

生：那。

师：是啊，就是这个"那"字，把我们的视线引向了白鹭的蓑毛、结构、长喙和脚。我们读读这段话，或者尝试着背诵背诵这段话，感受感受。

（生朗读并背诵这部分内容。）

师：如果你在朗读或者背诵的时候加上手势，那就更好了，谁来试试？

（生带着手势进行朗读。）

3. 前后联系，体会对比的妙用。

师：同学们，这篇课文中还有些写法也很值得我们学习，大家再来细细地读读刚刚我们读到过的这两段话，看看你有什么发现？

**｜课件出示｜**

白鹤太大而嫌生硬，即使如粉红的朱鹭或灰色的苍鹭，也觉得大了一些，而且太不寻常了。

然而白鹭却因为它的常见，而被人忘却了它的美。

（师指名两生分别读两句话，其他生边听边思考。）

生：我发现作者用了对比的方法来写。

师：是啊，这两句话都在写白鹭，但还写到了——

生：白鹤、朱鹭、苍鹭。

师：通过对比，你感受到了白鹭什么样的特点？

生：什么都很适宜，比如大小。

师：白鹭因为常见，很容易被人忽视，作者通过对比的手法，让我们对白鹭有了更深刻的印象，我们再读读这两句话，感受感受对比的写法。

生齐：白鹤太大而嫌生硬，即使如粉红的朱鹭或灰色的苍鹭，也觉得大了一些，而且太不寻常了。然而白鹭却因为它的常见，而被人忘却了它的美。

师：作者运用了对比的写法，让我们对白鹭的印象更加深刻了。同学们，这种写法不仅这一课有，下一课也有。大家快速浏览《落花生》这篇课文，看看你能不能发现对比的写法。

生：我找到了，是这段话："父亲说：'花生的好处很多，有一样最可贵。它的果实埋在地里，不像桃子、石榴、苹果那样，把鲜红嫩绿的果实高高地挂在枝上，使人一见就生爱慕之心。你们看它矮矮地长在地上，等到成熟了，也不能立刻分辨出来它有没有果实，必须挖起来才知道。'"

师：这段话写了哪些事物？

生：花生、桃子、石榴、苹果。

师：作者重点写的是——

生：花生。

师：用来对比的是——

生：桃子、石榴、苹果。

师：我们再来读读这段话，感受感受对比写法的好处。

（生齐读《落花生》一课的第十自然段。）

师：同学们，下课的时间到了，我希望大家不仅感受到对比写法的好处，还要学会运用这样的写法来表达。最后，留给大家今天的作业：一是书写本课学到的生字，二是朗读并背诵课文的第一至五自然段。下课。

## 📄 深度评析

听了王老师《白鹭》第一课时的教学，我谈这样几点体会。

第一，这堂课导入非常精彩。王老师用杜甫的一首诗——《绝句》，"两个黄鹂鸣翠柳，一行白鹭上青天"来导入，这样的新课导入很有文化含量，而且和课文内容贴切。这些脍炙人口的古诗，语文老师要想方设法让学生在课堂上经常背诵，"拳不离手，曲不离口"，这对学生提高文化素养，了解我国优秀的传统文化非常有益。

导入环节王老师还准备了很多图片，通过投影把白鹭、苍鹭、朱鹭、白鹤这些动物打在屏幕上，通过比较，让学生非常感性地认识白鹭长得美，为学生学习下面这篇课文做好了准备。整个环节用时约 5 分钟，时间稍微长了一点，如果稍稍压缩些会更好。

第二，这堂课的字词教学设计非常精心。生字教学不是五年级的重点，但教师也应该扎实教学。整个小学阶段，三年级以后的生字教学应该与词语教学结合，让学生积累更多的词语，丰富学生词汇的积累量，这是中高年段语文课很重要的任务。王老师的词语教学是结合朗读课文环节进行的，朗读课文加上教学词语，差不多用时 16 分钟。结合长句子的朗读教学词语，字不离词，词不离句，特别有利于学生对词义的理解。

这篇课文中有七个生字，教学中几乎全部覆盖了，只少了一个"韵"字。高年级课文阅读如此强调生字教学，实在难能可贵，可见王老师在怎么让学生掌握生字的音、形、义，怎么把生字教扎实方面花了不少工夫。比如生字组成的词"蓑毛、长喙"很容易读错，王老师就指导学生读准音。"嗜好"的"嗜"很难写，学生也不一定能读准音理解义，所以王老师就有意突出。"嗜好"的"好"是多音字，读第四声；"嗜好"的意思也不易理解，王老师让学生运用这个词说话——你知道谁有哪些嗜好吗？父亲的"嗜好"是喝酒、抽烟，这个就叫"嗜好"。还有"蓑毛"是什么毛？说实在的，有些成人也不一定知道，学生看了白鹭图片中放大的镜头就理解了，很形象。还有"喙"是怎么回事？有些鸟兽的嘴称作"喙"，长而尖，都比较硬。还有"嫌"字，字形和"谦虚"的"谦"容易混淆，所以王老师特别指出。另外"匡"和"匣"字的笔顺，王老师特意让学生注意，用板书示范，再让学生书空，跟着写一写。整个字词教学过程体现出王老师对生字、词语教学的重视，也体现出王老师备课时做过认真的研究，准备得很细致，所以给人的感觉就是字词教学比较扎实。

现在中高年级语文课上，老师一般都不安排写字。这堂课如果在最后或者课中留些时间把难写的字写几个，我认为更好。高年级语文课也应该有时间让学生去写写字，老师应该增强写字意识，这样对学生有好处。

第三，王老师在这堂课里重视朗读，重视精彩词句的积累。这篇课文语言非常美，所以王老师结合生字词语教学，引导学生读课文中的长句子，通过反复朗读积累优美的句子，这样的做法我觉得非常好。反复朗读这些长句、难句，既可以帮助学生理解课文，又积累了优美的句子。整个教学过程，包括后面体会句子的感情环节，朗读贯穿始终。

朗读是语文课最重要、最基本的训练方式，是学习语文最有效的方法，也是积累语言经验，培养语感最好的途径。这篇课文中的长句子，其学习价值并不在句子的长短，主要是这些句子的句型结构和学生平时的语言表达习惯有比较大的差异。要把这些句子读通，读得流畅，读成自己的语言其实不容易。"那雪白的蓑毛，那全身的流线型结构，那铁色的长喙，那青色的脚"，句子结构整齐，每句前的"那……那……那……"起到强调作用。像这样的用词和句子结构，和学生平时的语言表达习惯有很大差异，把这些句子读通、读顺，反复读，才能读成自己的语言，同化成新的语言图式。"增之一分则嫌长，减之一分则嫌短，素之一忽则嫌白，黛之一忽则嫌黑"，这类文言色彩很浓的句子，在学生的语言中肯定是没有的，和学生习惯的白话文句式有很大差异。怎么让学生熟悉这些优美的文言句式？只能靠反复地读，熟读成诵，这样就能成为学生自己的语言图式了。这样读着读着，学生的语言才能如同叶老说的"不期而然，近乎完美"。这篇课文的作者是郭沫若，郭老是浪漫主义诗人，课文中诗一般的语言和学生的语言差异很大。读懂句意难度不高，但是学生要读熟，能够脱口而出就有相当的难度，必须反复读，十遍、二十遍，这样读，才能真正熟读成诵，读成自己的语言。

其实"增之一分则嫌长，减之一分则嫌短，素之一忽则嫌白，黛之一忽则嫌黑"这个句子并非郭老的创造，是他模仿宋玉的《登徒子好色赋》里的句子而来的。王老师不失时机地插入了宋玉的这段原话，让学生去读一读，既让学生受到中国传统文化的熏陶，也让学生认识到自己写文章的时候可以通过改造名句使其适合自己表达的语境，这是一种创造性的语言应用。这对学生是很有启发的，语言可以创造性地模仿，可以根据语境进行创造性的改造。王老师穿插了这个例子，不仅增加了语文课的文化含量，也让学生认识了一种新的语言表达方式——灵活地借鉴、模仿、改造名句，这样可以提高自己语言表达的质量。

这篇课文的课后练习要求学生背诵课文。从一开始熟悉课文，理解内容，到后面体会语言表达的方式，王老师一直引导学生反复朗读精彩的句子，读得多了，自然就能熟读成诵，再有意识地让学生背一背，强化记忆。这堂课要求学生当场背出两个部分（这是第一课时，所以没有当堂背诵全文），这种做法值得鼓励。

最后我们来讨论单元语文要素落实的问题。这个单元的语文要素是"初步了解课文借助具体事物抒发感情的方法"，其实就是学习借物抒情。课文写了白鹭这样一种动物，表达了作者喜爱白鹭的思想感情。

教材中写动物的文章不少，学生学过老舍写的《猫》，郭风写的《搭船的鸟》，郑振铎写的《燕子》，还有丰子恺写的《白鹅》等，这些课文的构思都非常巧妙，都是表达对所写动物的喜爱之情。这篇课文与其他几篇最明显的区别就是语言特别优美。什么原因呢？因为郭沫若既是一个政治家、文学家，又是一个诗人，而且是浪漫主义诗人。《白鹭》这篇散文可以称为散文诗，郭沫若用诗一般的语言抒发了对白鹭的喜爱之情，不仅语言非常优美，而且很富有想象力，充分体现出其语言表达的特点。

这堂课王老师先让学生理解白鹭的颜色和身段都很"适宜"，体会课文用词的准确。接着讲读"白鹤太大而嫌生硬，即使如粉红的朱鹭或灰色的苍鹭，也觉得大了一些，而且太不寻常了"这一句，抓了对比描写的手法。后面还引出《落花生》一课中的对比手法，通过比较，让学生对对比手法有了更加深刻的印象。总的感觉是王老师对课文钻研很深入，理解也正确。但是"体会用词准确""对比描写"与"借助具体事物抒发情感"这个语文要素似乎有距离，不是一个概念。这个板块是"体会文章表达的情感"，抓用词的精准和对比手法似乎没有抓到要害。说明文用词也精准，但是说明文的语言表达不会有这么强烈的情感渗透。用对比手法的文章也很多，当然也是表达情感的一种方法，但不是这篇文章的主要特点。老师所抓的教学内容，都是自己解读课文时的感悟，都是老师自己预设的，牵扯太多，限制过多，有预设过强之嫌。

怎么通过字里行间体会作者表达的思想情感，引导学生体会课文优美的语言？我认为最好的办法不是老师预设，而是放手让学生自己读课文，着眼于整篇文章，自己去发现。为什么说"白鹭是韵在骨子里的诗"？你从哪些地方感受到"白鹭是一首精巧的诗"？让学生自己去找出课文中精彩的描写，老师不能按照自己的感悟去限制学生的感悟。引导学生自己去感受课文语言表达的精彩，发现作者想象的丰富，发现作者文章构思的精巧，这样对提高学生的阅读质量，培养良好的阅读习惯会更有好处。

老师在学生阅读过程中如何发挥指导作用？一个是鼓励，一个是引导。引导学生体会作者是怎样用优美的语言表达自己的思想感情的，和自己的语言有什么不一样。还可以引导学生将这篇文章和其他写动物的文章进行比较，发现其在语言表达上有什么不同。《落花生》《猫》和《搭船的鸟》用的都是比较平实的语言，而这篇文章是诗的语言。学生通过比较就会发现作者语言表达的精彩，还有作者丰富的想象力和联想力。这对学生来说就是在学习语言文字的运用，这样对提高学生语言表达质量是非常有效的。

其实除了对比，这篇文章作者根据自己的观察和想象，描写了白鹭钓鱼和黄昏乡居图两个画面，行文中作者的感情渗透非常浓郁，是这篇文章最精彩之笔。你看"整个的田便成了一幅嵌在玻璃框里的画，田的大小好像是有心人为白鹭设计的镜匣"，联想加上想象，多富有想象力的描写！小学生写文章会直白描写白鹭钓鱼是一幅很美的画，但很难想到这是一个玻璃框里的画，而且是有心人为白鹭设计的一个镜匣。后面的黄昏乡居图中，作者看到白鹭的飞联想到这是乡居生活中的一种恩惠，画面生动形象，而且具有生命活力。像这样优美的语言表达，还有作者丰富的联想和想象，都是最有价值的学习内容。学生写文章一般都展不开，为什么？就是因为缺乏想象，不善于联想。从文章中去感受作者高质量的语言表达，感受作者丰富的想象力和联想力，可以进一步提高学生的阅读能力，提高学生对语言的敏感度。

语文老师经常指导学生品词品句，品评的词句往往是老师发现并预设的。其实更应该提倡的是学生自己主动发现、主动品评。老师预设的词句都是老师解读文本的感悟，其实每个学生的阅读感悟都不一样，对词句精彩之处的认识也不一样。引导学生自己读，主动发现，学生就会谈出各种各样不同的体会。尽管大部分体会不如老师的体会深入，也可能不那么正确，但让学生经常这样训练，就可以提高学生对语言的敏感度，提高阅读的质量，并且能让学生主动地从文章里吸收更多的语文营养。在这个过程中，老师要做的是引导，放手让学生自己去品评。接下来要安排一个重要环节，就是伙伴交流和相互点评，对有创造性的见解进行鼓励，对那些不那么正确的体会进行指导纠正。引导学生阅读时主动品评词句是中高年段学生应该养成的一种良好的语文阅读习惯，老师必须十分重视。

# 发现表达特点　落实语言运用

## ——三年级下册《海底世界》教学实录及深度评析

📋 **教学过程**

### 一、导入新课，激发兴趣

师：同学们，上课前我们先来观看几张图片，如果你认识图上的小动物，就大声喊出它们的名字来。

（课件出示：螃蟹、虾、蝌蚪、金鱼的图片，生喊出了它们的名字。）

师：能直接喊出它们的名字，看来大家对从河里或者湖里就能见到的螃蟹、虾、蝌蚪、金鱼都挺熟悉的。我们继续来看图片。

（课件出示：深海中的鱼类图片，生大都开始沉默，说不出它们的名字。）

生：这是鱼，反正是鱼。

师：咱们班的同学太有意思了，看到前面的螃蟹和虾时，大家的声音特别洪亮，现在声音越来越小，甚至开始沉默了。终于有一位发言的同学，说这是鱼，反正是鱼，有点儿赖皮了！大家猜猜这些鱼生活在哪里？

生：海底。

师：海底是一个很神秘的地方，那儿有很多我们不了解的事物。今天，就让我们一起走进海里，了解那里的世界。我们来学习一篇课文，名字叫——

生齐：海底世界。

## 二、整体感知，认读字词

师：海底世界究竟有多神秘？那里到底会有哪些神秘的、可爱的动植物呢？让我们到课文中看看吧！请同学们打开课本自由读课文，注意读准字音，读通句子。

（生自由读文，勾画相关词句。）

师：课文读完了，谁来说一说，海底世界给你留下了什么样的印象，或者你会用一个什么词语来形容海底世界？

生：景色奇异、物产丰富。

师：这两个词很重要，课文中就有，谁来把相关的句子读给大家听？

生：海底真是一个景色奇异、物产丰富的世界。

师：读书就要抓重要的词语和句子，这样一下子就能了解课文的主要意思。同学们刚刚读了课文，生字都会认了吧，我们来看一组词语。

| 课件出示 |

波涛澎湃的海面　宁静的海底　黑暗的深海　闪烁的星星

嗡嗡　啾啾　汪汪　打鼾

（师指名读，生齐读。）

师：第一行词语，我们合作着读一读。

（师生、生生合作读，感受修饰词的恰当运用，在读中积累词语。）

师：大家有没有发现第二行词语是写什么的？

生：声音。

师：你还知道哪些表示声音的词语？

生1：喳喳、叽叽、咚咚。

生2：喔喔、嘎嘎、嗒嗒、叮叮。

师：非常好，大家的积累还挺丰富的，值得表扬。我们继续来认读词语。

┃ 课件出示 ┃

　　海参　乌贼　章鱼

　　海藻

　　煤　铁　稀有金属

（生认读词语，师引导正音。）

师：这三行词语分别写的是什么？

生1：第一行写的是动物，第二行写的是植物。

生2：第三行写的是矿产。

师：作者为了说明海底物产丰富，既写到了动物，又写到了植物，还写到了矿物。我们来回顾一下刚刚认读过的词语，如果我说物产丰富，你们可以读——

生：海参、乌贼、章鱼、海藻、煤、铁、稀有金属。

师：如果我说景色奇异，你们可以读——

生1：波涛澎湃的海面、宁静的海底、黑暗的深海、闪烁的星星。

生2：嗡嗡、啾啾、汪汪、打鼾。

师：这篇课文就是从这两方面来写海底世界的。读完课文，我们知道了海底世界——

生：景色奇异、物产丰富。


三、聚焦表达，落实语用

1. 仿写句子，促进理解。

师：同学们，你们有没有潜过海？潜到海里多深？看到了什么样的景象？

生1：我潜到海里十几米深吧，看到很多珊瑚，各种各样的鱼，好多都不认识。

生2：我潜到海里差不多二十多米深的地方，看到了很多海藻，吓得我都不敢动，害怕自己被缠住了。

师：其实大家到过的地方不能算是真正的海底，因为只有十几米或者二十几米深，真正的海底跟你所看到的可能不太一样。现在让我们读一读课文第二、三自然段，把你感觉很特别的地方勾画出来。

（生读课文，勾画句子。）

师：来，说说看，海底的景象是什么样的？哪些地方让你感觉很奇异？

生："海面上波涛澎湃的时候，海底依然很宁静。"我很疑惑海面上海浪那么大，海底怎么会那么宁静？

师：海面上波涛澎湃，海底却那么宁静，真是不可思议！还有没有其他发现？

生1："阳光很难射进深海，水越深光线越暗，五百米以下就全黑了。"为什么即使陆地上的阳光火辣辣的，海底也是漆黑一片？为什么阳光照不进去呢？

生2："在这一片黑暗的深海里，却有许多光点像闪烁的星星，那是有发光器官的深水鱼在游动。"多奇特！深海中很黑，有的鱼看不到，有的鱼竟然是自己发光的，真有意思。

师：海底漆黑一片，看是看不到的，会不会听到声音呢？课文中怎么说的？

生：海底是否没有一点儿声音呢？——不是的。

师：这句话很特别，自己问，自己答。你知道这是什么句式吗？

生：这是设问句。

师：非常好，你听说过这样的句式吗？能不能说上一句？

生：我妈妈跟我说过的一句话：你不努力学习能行吗？当然不行。

师：大家看，这样一问一答能够激发我们的兴趣，这样的方法我们也可以用。结合刚刚我们说到的海底的景象，谁来试着自问自答一下？

生1：海底是否很宁静呢？是的，海底很宁静。

生2：海底是否只有一种鱼类呢？当然不是。

生3：海底会有光点闪动吗？会的，那是有发光器官的深水鱼在游动。

生4：海底是否没有一点声音呢？不是的，海底的动物常常在窃窃私语。

2. 发现写法，尝试表达。

师：海底的动物常常在窃窃私语，"语"就是在说话，窃窃私语是怎样说话呢？来，我与一位同学说话，大家来判断是不是窃窃私语？

（师生演示窃窃私语，引导生理解这个词语的意思。）

师：窃窃私语就是背地里小声说话。海底的动物常常窃窃私语，你们看——

> **│ 课件出示 │**
>
> 有的像蜜蜂一样嗡嗡，有的像小鸟一样啾啾，有的像小狗一样汪汪，还有的好像在打鼾……

（生齐读句子。）

师：海底的声音还真不少呢，大家看打鼾这个词语，没有直接写声音，但却能让我们感受到声音，而且还是不同的声音。我们请几位同学为我们表演一下。

（请三生表演打鼾，发出三种不同的打鼾声音。）

师：你们听，声音是不是很丰富？这就是海底的声音！同学们有没有发现一个秘密：海底本身不是我们熟悉的，海底世界有很多鱼类我们都没见过，它们发出的声音我们根本不会知道，不过看完作者的描写，我们感觉好熟悉，每种声音我们好像都听过，秘密在哪里？

生：作者写到了我们很熟悉的事物。

师：是呀，生活中，大家肯定见过蜜蜂、小鸟、小狗，听过打鼾的声音，而且还比较熟悉。所以，当我们要写别人不知道的或者不熟悉的事物时，就可以——

生：我们就可以用熟悉的事物来写，这样，大家很容易明白。

师：谁能来说一种生活中熟悉的声音？说不定这个声音海底也有呢。

生1：小猫喵喵。

生2：老鼠吱吱。

生3：小羊咩咩。

师：你们说的都是动物界的，其实自然界也有很多声音。

生4：北风呼呼。

生5：雷声轰轰。

生6：溪水叮咚。

师：谁能把刚刚说到的或者想到的我们熟悉的声音带到句子中来读一读？海底的动物常常在窃窃私语——

生1：有的像狼一样嗷嗷。

生2：有的像小猫一样喵喵。

生3：有的像老鼠一样吱吱。

生4：有的像北风一样呼呼。

生5：有的像溪水一样叮咚。

师：原来我们不熟悉海底世界，现在我们熟悉了，因为我们——

生：我们用熟悉的事物来写了。

师：海底的声音真的很特别，海底动物们吃东西时会发出声音，行进时会发出声音，遇到危险时也会发出声音。我们班有会模仿声音的同学吗？（一生举手）待会儿我们一起来读课文，读到有声音的地方，你就发出有可能发出的声音来，我们准备开始——

---

**┃ 课件出示 ┃**

> 它们吃东西的时候发出一种声音，行进的时候发出另一种声音，遇到危险还会发出警报。

---

生齐：它们吃东西的时候发出一种声音——

生：吧唧吧唧。

生齐：它们行进的时候发出一种声音——

生：咕噜咕噜。

生齐：遇到危险还会发出警报——

生：呜儿——呜儿——

师：海底的声音的确特别有意思，现在同桌合作读，一个人读文中的句子，一个人配出相应的声音。

（同桌合作读课文。）

师：刚才同学们读得非常认真、非常积极，我们请几对儿同桌给大家展示展示。

（生展示。）

3. 借用资料，落实语用。

师：同学们，海底的动物发出的声音真的是太有意思了，它们又会怎样活动呢？请同学们默读第四自然段，思考第四自然段是围绕哪一句话来写的，怎样写清楚的。请同学们默读这一段，绘制思维导图。

（生默读思考，完成思维导图。）

师：我们来交流交流吧，这段话是围绕哪句话来写的？

生：这段话是围绕"海里的动物，各有各的活动方法"来写的。

师：围绕这句话，作者都写到了什么？

生1：作者写到了行进方向向前的动物，有海参、梭子鱼和贝类。

生2：还写到了行进方向向后的乌贼和章鱼。

师：作者很会写文章，刚才写海底的声音时选择了我们熟悉的事物来写，现在写动物的活动时，又选择了有特点的来写。我们再来读读这段话，看看作者写了哪些有特点的动物。

> **| 课件出示 |**
>
> 海里的动物，各有各的活动方法。海参靠肌肉伸缩爬行，每小时只能前进四米。有一种鱼身体像梭子，每小时能游几十千米，攻击其他动物的时候，速度比普通的火车还快。乌贼和章鱼能突然向前方喷水，利用水的反推力迅速后退。还有些贝类自己不动，却能巴在轮船底下作免费的长途旅行。

生1：作者写了特别懒的贝类，它们巴在轮船底下一动不动，作免费旅行。

生2：作者还写了行进速度特别快的梭子鱼和行进速度特别慢的海参。

师：海参行动确实慢，一个小时过去了才前进了四米，知道四米有多长吗？我们的课桌一米二，四米相当于几个课桌连起来的长度？

生：三个课桌多一点儿就差不多四米了。

师：你有多高？四米就相当于——

生：我一米四，三个我的高度就四米多了。

师：是啊，一个小时过去了，海参才爬到这儿，可真慢啊。梭子鱼的速度就快多了。课文中说这种鱼身体像梭子，每小时能游几十千米。梭子鱼我们不太熟悉，它游得有多快不太好明白，回想一下，我们可以用什么办法来写？

生：选熟悉的事物来写，作者写到了我们熟悉的火车。

师：课前，王老师查过资料，我们一起来看看。

| 课件出示 |

| 名称 | 火车（慢速） | 火车（快速） | 地铁速度1 | 地铁速度2 | 汽车在城市的行驶速度 |
|---|---|---|---|---|---|
| 速度 | 每小时80公里 | 每小时160公里 | 每小时50公里 | 每小时80公里 | 每小时50公里 |

师：你来计算一下，如果我们不用火车这个熟悉的事物，而是用地铁、汽车，或者其他事物写，还可以怎样说？

| 课件出示 |

有一种鱼身体像梭子，每小时能游几十千米，攻击其他动物的时候，速度_____。

（生思考后进行表达。）

生1：有一种鱼身体像梭子，每小时能游几十千米，攻击其他动物的速度是乌龟的一千万倍。

生2：有一种鱼身体像梭子，每小时能游几十千米，攻击其他动物的速度可以与高铁相提并论。

师："相提并论"这个词用得真好！

生3：有一种鱼身体像梭子，每小时能游几十千米，攻击其他动物的速度比汽车在城里行驶还要快！

师：这句话还可以怎么说？

生3：有一种鱼身体像梭子，每小时能游几十千米，攻击其他动物的速度比汽车在城里行驶还要多出两倍。

师：说得非常好！我们再来看看乌贼和章鱼，它们的行动方式也很特别。

| **课件出示** |

乌贼和章鱼能突然向前方喷水，利用水的反推力迅速后退。

（生齐读句子。）

师：同学们，这句话中有三个生字：迅、速、退，谁发现它们的特点了？

生：都有走之底。

师：在书写时，我们要注意先写上面的部分，再写走之底。大家观察观察"速"和"退"字，有一个笔画很特别，发生了变化。

生1："速"上面的"束"最后一笔变成了点。

生2："退"上面的"艮"最后一笔也变成了点。

（师示范书写并强调易错点，生练习书写，师相机点评。）

师：同学们，海底世界真的是非常美丽，在海底世界徜徉，时间也过得飞快，不知不觉四十分钟就过完了，最后，王老师留给大家两个课后作业：一是朗读课文二、三、四自然段，二是阅读《海底的秘密》。下课。

## 深度评析

刚才我们听了王老师执教的《海底世界》，我谈四点体会，我们大家共同讨论。

第一点，就这堂课而言，王老师很注重激发学生的阅读兴趣，发挥阅读的功能。学生读书一个很重要的功能就是扩大知识面，一开始王老师就让学生读课文，发现那些自己不知道的事物。他先是出示海底各种各样的动物的图片，学生们有的认识，有的不认识。课文当中写了很多学生不认识的、没有发现的、不了解的一些事物，让学生到课文中去看看，这是一个什么样的世界。这样的问题能激发学生的学习兴趣。读完以后，王老师又安排了一个环节：学习第二、三自然段，让学生说说海底的世界和他们想象的有什么不一样。学生交流自己的阅读感受，说出自己独特的观点，这既是一种表达的练习，也是一种知识的吸收，这样的一个设计，让学生真正在阅读当中增长了知识，开阔了眼界，学生对阅读更加有兴趣了。

第二点，这堂课设问句的教学给我们留下了比较深刻的印象。设问句就是自问自答，前面一句是问句，后面就是回答。这个概念学生不难理解，王老师一点拨，学生就了解了设问句。这堂课中设问句的教学出彩的地方在哪里？王老师不仅让学生认识设问句，还让学生去迁移运用，模仿设问句进行表达。这个环节设计得好，这个意识好，我们教语文知识，往往是教到理解为止。其实学习这些知识的目的是让学生能够运用。王老师在学生们认识了设问句后，借助海底世界这个话题，让学生运用设问句来说话，这就是面向全体同学的练习。学生根据《海底世界》课文当中的一些内容说出了各种各样的设问句，练习难度也降低了。让学生理解设问句和尝试运用设问句是两种不同层次的教学，区别在哪里？区别就在于一个只是认识理解，另一个是尝试着去实践、去运用。通过这样的运用，学生以后在其他语境当中运用这种设问句的概率就大大提高了。这样的教学思想我觉得是值得肯定的，也是我们老师应该学习的。

第三点，这堂课王老师教学的一个重点就是用熟悉的事物来形容不熟悉的事物，这样可以让人们对不熟悉事物的理解更加真切，印象更加深刻，这是写文章经常用的一种方法。这堂课巧妙地借助文章的两个语境，一个语境是课文当中描写动物的声音，海底世界的鱼会发出各种各样的声音，这很奇妙，会发出什么声音呢？课文用小鸟、小狗这些人们熟悉的动物的声音来形容海底动物的声音。在这一段当中，王老师设计了这样几个环节。先让学生理解用熟悉的声音来形容不熟悉的声音的方法，接下来让学生用熟悉的事物来形容不熟悉的事物，最后是自己去运用，四对同桌表演。这样一个层次一个层次地去设计，学生对用熟悉的声音来形容不熟悉的声音的方法理解得就更加深刻了。

王老师在这里的设计是让学生练习运用紧急警报的声音、吃饭的声音进行表达，但他们都是用嘴巴来模仿声音的，我提一个建议：用文字来写出声音。因为学生最后还是要用语言文字来表达的，最后应该落实在语言文字的表达上，而不是声音模拟上。如果王老师用一两分钟时间让学生来写，吃饭的时候是什么声音，发出警报的时候是什么声音，每个同学可以写的不一样，写完以后来交流，看哪个同学文字表达得更加准确，更加形象，给大家的印象会更加深刻。

第二个语境是课文当中描写动物有各种不同的活动方式。这个语境王老师选得也非常正确，而且他有深入的思考，把不熟悉的动物活动状况用熟悉的事物来正确表达、形象表达，让大家能够看得更清楚，如闻其声，如见其形。海参靠蠕动前行一小时行进四米，是什么概念？我们可以让学生用比较的方法来表述，比如海参和蜗牛比，蜗牛一小时行进多少米，它比蜗牛还要慢，或者和乌龟比，是乌龟速度的几分之几。让学生通过这样的比较去写这几种动物的活动，就能够表达得更加真切，让人有更加清晰的认识，能够如见其形，这样的表达才是最高明的。

第四点，这堂课王老师重视了写字环节，尽管花的时间不多，大概三四分钟，但我觉得可圈可点。中年级的学生要不要写字呢？我觉得还是要。这堂课王老师在写字指导中挑选了几个带"走之底"的字让学生去书写，指导得很有效。王老师先当场示范，然后让学生实践，最后再来比较。写字是我们语文教学的一个重要内容，在中年级的课堂中重视写字，我觉得这是值得提倡的。

这堂课还有没有可以改进的地方？我觉得这个环节还可以商量。

这堂课里王老师安排了画思维导图这样一个环节。其实这个不是画思维导图，而是学生根据王老师画好的思维导图进行填空，它的本质还是提取信息。行进方向向前的鱼是哪几种？行进方向向后的鱼是哪几种？这里没有分析、判断、推理这样的高阶思维。再说了，它和课文写的例子也不完全吻合，课文当中写了三种活动情况，一个是向前的，一个是向后的，还有一个是巴在船上作免费旅行的。这个思维导图我觉得如果真的要画的话，王老师是不是可以不做限制，不做填空，让每个学生依据课文的内容对各种各样的行进方式画思维导图。每个学生画的可以不一样，可以是图表式的，可以是文字式的，还可以是图画式的。这样就有了各种各样的思维导图，只要学生的分析是正确的。这样做还有一个好处就是落实了单元语文要素：这篇课文是围绕几方面写的。

我的建议是画两个思维导图。第一个思维导图：这篇课文是从哪几方面来写海底世界的。第二个思维导图：这段话是从几个方面来写的。这两个思维导图可以让学生对从几方面写一件事的语言要素有更加深切的认识。

当然了，最后把单元内的几篇课文的思维导图做个比较，做个串联，这样学生对这一单元的语文要素是不是能够有更加清晰的认识？

第二辑

说明文教学

将说明方法的指导目标定位在运用上，鼓励学生学了以后要去运用，这样能增强学生学用结合的意识，能让学生在今后其他合适的语境中主动运用这种方法。

# 感受生动的说明　落实语言的运用

## ——六年级上册《只有一个地球》教学实录及深度评析

### 教学过程

#### 一、图片导入，渗透保护地球的意识

师：同学们，今天上课前王老师要先请大家看几幅图片，这些图片上没有任何文字，但是我相信大家一定能够看懂。

（课件出示：有关保护地球的宣传图片。）

师：说说看，你看懂了什么？

生1：画面上几双手托起地球，意思是说我们要携手保护地球。

生2：这些图片想表达的意思是我们要保护地球。

师：非常好！虽然图片上没有文字，但是大家都看懂了。是的，我们要保护地球，一位同学还办过保护地球的手抄报呢，我们来看看——

（课件出示：一位同学的手抄报。）

师：从这张手抄报上，你知道了什么？

生1：世界地球日是每年的 4 月 22 日。

生2：我们都要保护地球。

师：是啊，我们要携手保护地球，因为只有一个地球。（师板书课题。）

| 课件出示 |

"只有一个地球"，这是 1972 年在瑞典首都斯德哥尔摩召开的人类环境会议上提出的响亮口号。

（生齐读。）

师：在人类环境会议中特别提出"只有一个地球"这个口号，一定有着特殊的意义。为什么要提出这样的口号？《只有一个地球》这篇课文会写些什么呢？我们一起来学习这篇课文。

### 二、梳理要点，明确保护地球的原因

师：现在请同学们自己读读课文，注意读准字音，读通句子，边读边思考：课文想表达什么意思，你能从课文中找出表明作者观点的一句话吗？

（生默读思考，勾画相关词句。师巡视，及时提醒生坐姿，肯定生不动笔墨不读书的习惯。）

师：这篇课文并不长，对于我们六年级同学来讲应该是很快就可以读完的。如果有人已经读完了，并且发现了作者想要表达的意思了，可以举手读给大家听听。

生：我认为应该是第九自然段的这句话：我们要精心地保护地球，保护地球的生态环境。

师：谁刚刚也勾画出这一句了，请举手。咱们一起读读这一句。

| 课件出示 |

我们要精心地保护地球，保护地球的生态环境。

（生齐读。）

师：非常好。大家看，这里面提到了一个很重要的词——精心。（师板书"精心"。）我们为什么要"精心"地保护地球呢？这篇课文是一篇说明文，文中会告诉我们很多重要的信息。请同学们默读课文，勾画出我们要精心保护地球的原因，注意一定要提取关键信息。

（生默读思考，勾画语句。）

生：我勾画的是第六自然段的"科学家已经证明，至少在以地球为中心的40万亿千米的范围内，没有适合人类居住的第二个星球。人类不能指望地球被破坏以后再移居到别的星球上去"，这句话的意思是当地球的各种资源都枯竭之后，我们没有办法移居到别的星球。

师：他抓住了关键信息"没有办法移居到别的星球"，非常棒！

生1：第三自然段说："地球所拥有的自然资源也是有限的。拿矿物资源来说，它不是谁的恩赐，而是经过几百万年，甚至几亿年的地质变化才形成的。地球是无私的，它向人类慷慨地提供矿产资源。但是，如果不加节制地开采，必将加速地球上矿产资源的枯竭。"我抓的关键信息是"地球所拥有的自然资源也是有限的"。

生2：我觉得还有第二自然段第二句话："同茫茫宇宙相比地球是渺小的。它只有这么大，不会再长大。"关键信息是"同茫茫宇宙相比地球是渺小的"。

师：非常好，大家找到了很多有效信息。我们来读读这几句话吧！

> **｜ 课件出示 ｜**
>
> 同茫茫宇宙相比，地球是渺小的。
>
> 地球所拥有的自然资源也是有限的。
>
> 人类不能指望地球被破坏以后再移居到别的星球上去。

（生齐读这三句话。）

师：如果大家能从这三句话中提取有效信息，把这三句话变成三个关键词，那就更厉害了！谁来试试？

生：第一句话可以浓缩为四个字：地球渺小。

师：他只用了四个字就概括出了这个句子的意思，非常棒。谁能像他一样，也用四个字概括出第二、三句话的主要意思？

生1：资源有限。

生2：不能移居。

师：语言简洁，非常好！我们把这三个关键词都来读一读。

生齐：地球渺小、资源有限、不能移居。

师：同学们发现了吧，因为地球太渺小了，因为资源很有限，因为我们不能移居到别的星球，所以我们一定要精心保护地球。作者就是这样层层推进，最后让我们明白了，我们必须精心地保护地球。来，我们再读读这句话，号召更多的人都来保护地球。

生齐：我们要精心地保护地球，保护地球的生态环境。

### 三、聚焦表达，运用中强化保护意识

1. 学习第一自然段，感受作者生动的表达。

师：同学们，我们来看一幅地球的图片，（课件出示：地球全貌图片。）大家发现这幅图片有什么特别之处吗？

生：看上去基本上都是蓝色的。

师：我们学过科学课，谁知道蓝色的是什么？

生：海洋。

师：大家来猜测一下，地球表面的海洋大概会占到地球面积的百分之多少？

生1：我猜应该是60%多。

生2：我觉得是70%多，我之前看过一本书上有介绍，但是我记得不太准确了。

师：王老师带来了一段资料，大家快速浏览一下，看看你能从中汲取哪些有效的信息？

> **| 课件出示 |**
>
> 地球的表面是高低不平的。它的一部分被水淹没着，成为海洋；另一部分露出水面，形成陆地。在地球总面积5.1亿平方千米中，海洋有3.61亿平方千米，占地球面积的70.78%；陆地只有1.49亿平方千米，占地球面积的29.22%。洋面面积远远超过陆面面积。地球上的海洋是彼此连成一片的，而陆地却被海洋隔成几大块。

师：发现了吧，地球表面的海洋大约占地球面积的百分之多少？

生：占到了70.78%，有3.61亿平方千米。

师：陆地的面积呢？

生：陆地只有1.49亿平方千米，占地球面积的29.22%。

师：读了这段资料，我们对地球有了更多的了解：原来在地球表面海洋占的面积很多，陆地相对较少。同样要表达这样的意思，我们看看课文是怎么写的？

> **｜课件出示｜**
>
> 据有幸飞上太空的宇航员介绍，他们在天际遨游时遥望地球，映入眼帘的是一个晶莹的球体，上面蓝色和白色的纹痕相互交错，周围裹着一层薄薄的水蓝色"纱衣"。

（生自读这段话。）

师：读了这段话，你有什么感觉？

生1：我也感受到了海洋的面积很大，不过写得很生动，有一种美的感觉。

生2：我也觉得很美，尤其是这句：映入眼帘的是一个晶莹的球体，上面蓝色和白色的纹痕相互交错，周围裹着一层薄薄的水蓝色"纱衣"。

师：是啊，"晶莹的球体"给你什么感觉？

生：特别宝贵，像个宝贝一样。

师：注意这个词：晶莹。你在生活中看到哪些东西是晶莹的？

生1：我妈妈的玉镯。

生2：我妈妈的吊坠。

师：晶莹的宝贝很宝贵，可千万不要把它打碎了。这晶莹的球体——地球，在作者心中就像一个宝贝，值得珍爱。不仅如此，你看这句话还写道："周围裹着一层薄薄的水蓝色'纱衣'。"你能想象出纱衣的样子吗？我问一位同学，你觉得水蓝色的纱衣适合你们家谁穿？

生：适合我妈妈穿。

师：蓝色的纱衣，妈妈穿上多美。读到这儿，你有没有感觉到地球已经不再是简简单单的地球，它就像是我们的——

生：母亲，而且是很美丽的母亲。

师：是啊，地球就像是母亲一样。地球，这位人类的母亲，这个生命的摇篮，是那样美丽壮观、和蔼可亲。面对地球，面对美丽壮观、和蔼可亲的人类的母亲，我们应该怎么做？

生1：要爱护她。

生2：要精心地保护她。

师：我们齐读这句话。

生齐：我们要精心地保护地球，保护地球的生态环境。

2. 学习第二自然段，感受恰当的说明方法。

师：同学们，这篇课文是一篇说明文，说明文一定会用到一些说明方法。请大家快速读一读课文第二自然段，看看作者都用到了哪些说明方法。

（生默读，批注。）

生："但是，在群星璀璨的宇宙中，地球是一个半径约为6400千米的星球。"这句话用的是列数字的说明方法。

师：是的，非常好！大家在数学课上应该已经学过圆了吧？这里说半径是6400千米，你能不能用数学知识换算一下，直径是多少？

生：我算出来了，直径是12800千米。

师：地球的直径是12800千米。刚才的这句话如果用直径来表达，你会怎么说？

生：但是，在群星璀璨的宇宙中，地球是一个直径约为12800千米的星球。

师：非常好，这就是列数字的方法。一般来说，列数字一定要准确，但是这句话中有一个字给人的感觉好像不太准确，你发现了没有？

生：是"约"字。

师：那咱们把这个"约"去掉，更准确地去表达吧，怎么样？

生1：我觉得不行，因为地球的半径，或者直径是不好测量的。

生2：我也觉得不行，可能算出来后面是很多的小数，不方便读者阅读。

师：说得非常好，大家再读读这一段，看看除了列数字，还有其他的说明方法吗？

生："同茫茫宇宙相比，地球是渺小的。"这里用了做比较的说明方法。

师：很好，地球同宇宙相比是渺小的。想想看，地球还可以和谁比？

生：可以和木星比，也可以和太阳比。

师：我们选一个熟悉的吧，和太阳比。王老师带给大家一段关于太阳的资料，大家读一读，从中获取有效的信息。

| 课件出示 |

太阳是位于太阳系中心的恒星，其直径大约是 1392000 千米。

生：我知道了太阳的直径大约是 1392000 千米。

师：刚刚我们说了，地球的半径是 6400 千米，能不能算一算地球半径和太阳半径之间的关系，或者地球直径和太阳直径之间的关系？

（生计算。）

生：我算出来了，太阳的半径大概是地球半径的 108 倍。

师：很好，大家能不能拿地球和太阳比，把下面这句话说完整？

| 课件出示 |

但是，在群星璀璨的宇宙中，地球是一个半径约为 6400 千米的星球。同太阳相比，地球＿＿＿＿＿＿＿＿。它只有这么大，不会再长大。

生 1：但是，在群星璀璨的宇宙中，地球是一个半径约为 6400 千米的星球。同太阳相比，地球的半径约是太阳的 1/108。它只有这么大，不会再长大。

生 2：但是，在群星璀璨的宇宙中，地球是一个半径约为 6400 千米的星

51

球。同太阳相比，地球很小，太阳的半径约是它的 108 倍。它只有这么大，不会再长大。

师：表达得很清楚！来，我们把掌声送给他们，确实不错。

3. 学习第三、四自然段，感受各类资源的有限。

师：地球上的资源是有限的，下面请同学们拿出学习单，读一读课文三、四自然段，提取有效的信息填写学习单。

（生默读，填写学习单。）

│ 课件出示 │

师：咱们来交流交流，地球都有哪些资源，分别有什么特点？

生1：有矿产资源、水资源、土地资源和生物资源。

生2：矿产资源是有限的，且面临枯竭。

生3：水资源、土地资源和生物资源原本可再生，但被人类随意破坏，就不可再生了。

师：说得特别好。矿产资源是有限的，而且已经面临着枯竭。我们一起来读读这句话。

│ 课件出示 │

拿矿产资源来说，它不是谁的恩赐，而是经过几百万年，甚至几亿年的地质变化才形成的。

师：读到这句话，你发现作者除了列数字，还用到了什么说明方法？

生：举例子。我从"拿矿产资源来说"中看出来的。

师：作者通过举例子，让我们直观地感受到了矿产资源的形成是漫长的。

我们看看下面这段资料。大家快速浏览一下，注意提取有效信息，感受矿产资源形成的漫长。

| 课件出示 |

　　　煤是地壳运动的产物。远在 3 亿多年前的古生代和 1 亿多年前的中生代以及几千万年前的新生代时期，大量植物残骸经过复杂的生物化学、地球化学、物理化学作用后转变成煤，从植物死亡、堆积、埋藏到转变成煤经过了一系列的演变过程，这个过程称为成煤作用。

生：我发现煤的形成要 1 亿到 3 亿多年，至少也是几千万年。

师：你的发现很有价值。同学们，刚才作者举的是矿产资源的例子，现在咱们用煤来举例子，谁可以把这段话改变一下，让我们感受到煤的形成过程也是如此漫长。

（一生把资料读了一遍。）

师：你把这段资料加了进去，太长了，要学会提取有效信息。只要我们抓住了主要信息，表达就能更加简洁了。

生：就拿煤来说，它是地壳运动的产物，经过几千万年、1 亿年甚至 3 亿多年的地质变化才能形成。

师：提取了有效信息，这次的表达更简洁，更清楚了。面对这样有限的资源，我们只能做一件事，那就是要珍惜它、要保护它。再读这两段话，你会发现事实似乎不像我们所想的那样。

（生自读第三、四自然段。）

生 1：我发现人类在破坏自然环境，不加节制地开采，滥用化学用品，随意毁坏自然资源。

生 2：确实不是我们想的那样，我觉得每个人都应该保护资源，每个人都应该节约资源。

师：说得特别好。读到这儿我们可能会有点痛心，地球就像我们的母亲，我们本应该精心保护，可事实并非如此。接下来王老师和大家合作朗读，我读黑色字体，你们读后面的句子。

师读：地球是无私的，它向人类慷慨地提供矿产资源。

生齐：但是，如果不加节制地开采，必将加速地球上矿产资源的枯竭。

师读：人类生活所需要的水资源、土地资源、生物资源等，本来是可以不断再生，长期给人类作贡献的。

生齐：但是，因为人类随意毁坏自然资源，不顾后果地滥用化学品，不但使它们不能再生，还造成了一系列生态灾难，给人类生存带来了严重的威胁。

师：人类的这些行为你想看到吗？我知道这些都是大家不愿意看到的，我们要精心地保护地球，因为地球就是我们的母亲。同学们，如果这段话不转折，不用"但是"，我们从正面来讲，从保护的角度来讲，可以怎样组织语言进行表达呢？同桌先试着练习练习。

（同桌练习表达后进行交流。）

生1：我们不应该不加节制地开采，因为这样只会让地球上的矿产资源更快地枯竭，我们应该去保护地球，守护资源。

生2：但是地球是无私的，它向人类慷慨地提供矿产资源。我们要合理节制地开采矿产资源，这样才能缓解地球上矿产资源枯竭的状况。

生3：人类生活所需要的水资源、土地资源、生物资源等，是可以不断再生，长期给人类作贡献的，我们不能随意毁坏自然资源，不能不顾后果地滥用化学品，要让这些资源能够再生，避免一系列生态灾难的发生。

师：特别好！

生4：人类生活所需要的水资源、土地资源、生物资源等，本来是可以不断再生，长期给人类作贡献的。如果我们不随意毁坏自然资源，少量使用化学品，就可以让它们再生，不造成一系列生态灾难，不给我们的生存带来严重的威胁。

师：这些其实就是我们每个人的希望！同学们，今天学习这一课，我们深深地感受到了地球是渺小的，资源是有限的，我们又不能移居，怎么办？我们必须精心地保护地球——

生齐：我们要精心地保护地球，保护地球的生态环境。

师：要下课了，最后留给同学们作业：可以说一说我们为什么要精心保护地球，同时还可以设计一条保护地球的宣传语。今天这节课我们就上到这儿，下课！

## 深度评析

《只有一个地球》是六年级第一学期第六单元的说明文。说明文按照说明的内容划分，大致有两种类型：介绍性说明文，主要是介绍某种事物的，比如《太阳》《赵州桥》；阐释性说明文，主要是阐释某种事理的，比如《只有一个地球》，就是阐明人类要精心保护地球的原因。阐释性说明文与议论文比较接近。还有一种是文艺性说明文，主要是用文学语言介绍说明某种事物，比如《小蝌蚪找妈妈》。王老师按照说明文的特点教学这篇课文，对文体的把握是正确的。

本单元语文的要素是"抓住关键句，把握文章的主要观点"。学生在五年级已经学过了"把握文章的中心"，因此对六年级学生而言，把握文章表达的主要观点难度不高。王老师在出示课题之后就要求学生默读课文，"从课文中找出表明作者观点的一句话"，学生比较轻松地找出了课文中的关键句"我们要精心地保护地球，保护地球的生态环境"。接着又要求学生默读课文，勾画出精心保护地球的原因，注意一定要提取关键信息。学生通过默读，抓住了"同茫茫宇宙相比地球是渺小的""地球所拥有的自然资源也是有限的""没有办法移居到别的星球"的关键信息。这其实也可以视作是"抓住关键句，把握文章主要观点"的又一次练习。第一次练习是让学生把握文章主要观点，这一次是让学生通过对保护地球的原因的分析，抓住关键语句，把握各个段落的主要观点。接着王老师又顺藤摸瓜，要求学生用四个字概括三个句子的意思："地球渺小""资源有限""不能移居"。通过这样三个层次的教学设计，学生不仅对如何抓住关键语句把握文章主要观点有了非常感性的认识，较好地落实了单元语文要素，同时王老师引导学生梳理清楚了课文的脉络层次，明确了保护地球的原因，还进行了概括小标题的练习。整个环节设计非常精心，教学效率很高。

这堂课的另一个教学目标是认识说明的方法。学生在五年级第一学期已经学过了"阅读简单的说明性文章，了解基本说明方法"。因此这堂课对常见的说明方法是复习，不是新授。这堂课里王老师结合课文第二、三自然段，引导学生再一次认识课文中运用的"数字说明""比较说明"和"举例说明"三种常见的说明方法。特别值得称道的是这部分教学没有停留在学生对说明方法的"认识"层面，王老师积极创设语境，要求学生尝试运用说明方法进行口头表达。第一个练习是出示太阳直径的资料，通过地球与太阳的比较，说明地球的渺小。学生说出了"同太阳相比，地球的半径约是太阳的1/108。它只有这么大，不会再长大"。学生正确运用了比较说明的方法，把地球的渺小表达得很清楚。第二个练习是运用举例说明方法的表达练习。王老师出示地球上煤形成过程的资料，要求学生用举例的方法说明煤形成过程的漫长。学生根据资料说："就拿煤来说，它是地壳运动的产物，经过几千万年、1亿年甚至3亿多年的地质变化才能形成。"这两次说话练习，学生通过尝试运用这两种说明方法，对说明方法的认识更加清晰了。王老师将说明方法的指导目标定位在运用上，鼓励学生学了以后要去运用，这样能增强学生学用结合的意识，能让学生在今后其他合适的语境中主动运用这种方法。这样的教学观念是很值得提倡的。

这两个练习王老师设计得非常精心，只是课堂实施得比较局促，留出的时间不够充分。两个练习留给学生表达的时间都少于两分钟，分别只有两个和一个学生有表达机会，并且王老师也没有组织学生进行点评，有点可惜。比如第二个练习说煤的形成时间漫长，举例说明的方法是用上了，但是这段话似乎只说了一半，没有说完整，"就拿煤来说，它是地壳运动的产物，经过几千万年、1亿年甚至3亿多年的地质变化才能形成"，后面如果再加上"可见煤矿资源是有限的，如果不加节制地开采，地球上的煤矿资源就会枯竭"这一句，意思表达就更清楚了。除了这样的表达，这段话还可以有其他多种说法。如果练习时间再充分些，让每个学生都先自己说说，再进行交流，交流的学生再多几个，最后老师做简单的点评，这样效果会更好！

王老师上语文课的一个鲜明特点是关注课文语言表达，凸显语言文字的运用。除了上述两个运用说明方法的表达练习，这堂课最后还通过朗读课文第三和第四自然段的两个转折句引出练习："如果这段话不转折，不用'但是'，我们从正面来讲，从保护的角度来讲，可以怎样组织语言进行表达呢？"这样设计教学，不仅能够训练学生的语言表达能力，还让学生懂得了保护地球，我们能够做些什么，体现了语文课程工具性与人文性相统一的学科特性。

语言表达练习要实施得更有效，需要留给学生一定的时间，有了思考和个人练习的时间，再加上有效的点拨指导才能保证效率。练习不一定要多，但是必须保证质量。当然课堂教学时间是有限的，留出更多的时间让学生表达，势必要压缩其他教学内容。王老师让学生感受课文第一自然段作者语言表达的生动，"映入眼帘的是一个晶莹的球体，上面蓝色和白色的纹痕相互交错，周围裹着一层薄薄的水蓝色'纱衣'"，这一段表达确实比较生动，王老师在这个环节花费的时间不少。但描写生动毕竟不是说明文的特点，也不是这堂课非教不可的教学内容。有舍才会有得，将时间花在让学生掌握说明方法上，与这堂课的教学目标会更加贴近。

王老师设计的最后一个表达练习引导学生灵活地建构语言，增加了一次运用语言的实践机会，体现了王老师课堂教学设计重视学生语言训练的特色，这值得肯定。听课时我在思考，这个运用语言的表达练习与前面的学习运用说明方法的练习基本无关，设计的整体感还不够。如果能够将几个表达练习融为一个整体，前后关联起来，效果是否会更好？比如换一个话题，要求学生根据"我们要精心地保护地球，保护地球的生态环境"这个主要观点，运用列数字、举例子或做比较的说明方法，说清楚为什么人类要保护地球，怎样保护地球，这样学生说的就不再是几句话，而是一段或几段话了。

比如：我们要精心地保护地球，保护地球的生态环境。因为地球上的资源是有限的。就拿煤来说，它是地壳运动的产物，经过几千万年、1亿年甚至3亿多年的地质变化才能形成，如果不加节制地开采，地球上的煤矿资源就会枯竭，因此我们应该有节制地开采，守护地球上有限的资源，这样就能减缓地球资源的枯竭的速度。

再比如：我们这个地球太可爱了，同时又太容易破碎了。人类生活所需要的水资源本来是可以不断再生，长期给人类作贡献的，如果我们节约用水，少量使用化学品，就可以让地球上的水资源不断再生，避免生态灾难，这样就不会给人类的生存带来威胁。所以我们要精心地保护地球，保护地球的生态环境。

六年级学生的说话练习应该是完整有条理地说一段或几段话。这样的练习设计更加符合年段的目标要求。学生在说话时，需要明确自己想要表达的观点，据此选好合适的材料，组织好语言进行条理性的表达，这对学生的阅读能力、思维能力和语言表达能力都很有挑战性。更重要的是，这样的设计练习可以将本单元的语文要素与运用说明方法的练习整合在一起，课堂练习设计的综合性、整体性都能得到加强，课堂练习设计的层次性也能得到很好的体现。

# 综合运用方法　自主解决问题

## ——四年级下册《千年梦圆在今朝》教学实录及深度评析

## 📋 教学过程

### 一、复习回顾，梳理学习方法

师：同学们，今天我们要学习的是第二单元的最后一课——《千年梦圆在今朝》，还记得这个单元的前三课吗？

生：前三课是《琥珀》《飞向蓝天的恐龙》和《纳米技术就在我们身边》。

师：我们来回顾一下，本单元的语文要素是什么？

生：阅读时能提出不懂的问题，并试着解决。

师：很好。学习这个单元，我们要提出问题，还要尝试着解决问题。解决问题的方法有很多，在学习这个单元前面几课时，我们已经基本掌握了。回顾一下，都有哪些常用的方法？

生：查阅资料。

师：非常好，老师要表扬你，查阅资料是一种非常重要的方法。

生1：还有联系上下文。

生2：还有请教别人和联系生活。

师：对，今天我们学习《千年梦圆在今朝》这一课时，就可以综合运用这些方法来解决问题。我们来齐读课题——

生：千年圆梦在今朝。

## 二、学习字词，初步解决问题

1. 阅读导语，明确要解决的问题。

师：同学们，这篇课文跟其他的课文有些不同，在课题序号的右上角有一个小星号，谁知道这是什么样的文章？

生：这是一篇略读文章。

师：真好，学习略读课文时，同学们一定要多思考，特别是要依据课文前面的导语进行思考。下面我们请一位同学读一读课文前面的导语，其他同学注意听，想一想我们需要做哪几件事。

---

**| 课件出示 |**

　　默读课文，说说中华民族千年的飞天梦是怎样逐步实现的。感兴趣的同学，可以查阅资料，了解我国在航天领域的最新成就。

---

（一生读课前导语，其他同学思考需要做哪几件事情。）

师：谁来说说，我们需要做哪些事情？

生：一个是默读课文，说说中华民族千年的飞天梦是怎样逐步实现的；另一个是查阅资料，了解我国在航天领域的最新成就。

师：要说出中华民族千年的飞天梦是怎样逐步实现的，一定要干什么？

生：默读课文。

师：是啊，默读思考很重要。再看看，要想了解我国在航天领域的最新成就，我们需要怎么做？

生：查阅资料。

2. 紧扣词语，尝试着解决问题。

师：好的，我们就按照这样的顺序来学习这篇课文。首先让我们默读课文，思考中华民族千年的飞天梦是怎样逐步实现的。默读的时候一定注意把字音读准，句子读通顺。

（生默读课文，思考问题。）

师：大家默读课文的时候非常认真，好多同学的习惯很好，边读边圈画，值得表扬！我来检查一下默读的效果，下面这段话，谁来读一读？

| 课件出示 |

　　飞离地球、遨游太空是中华民族很久以来的梦想。在古代就有"嫦娥奔月"的神话，有人飞上天、空中飞车的传说，还有"鲲鹏展翅""九天揽月"的奇妙想象。富有激情和超凡想象力的炎黄子孙，在千百年的岁月流转之中，不断地尝试实现自己的美好愿望。

师：表扬这位同学，读得非常好。这段话中有几个成语，谁再来读一读？

| 课件出示 |

鲲鹏展翅　　嫦娥奔月　　九天揽月

（指名多生认读。）

师：大家理解这几个成语的意思吗？这样吧，我来出示图片，大家读出相应的成语来。

（师随机出示与鲲鹏展翅、嫦娥奔月、九天揽月相应的图片，生读出相关的成语，借助图片，理解成语大意。）

师：大家看，借助图片，我们就能理解课文中成语的意思。这段话中还有两个四字词语，同学们一起读——

生：人飞上天、空中飞车。

师：这两个四字词语没有图片的帮助，怎样才能更好地理解它们的意思呢？

生：联系上下文。

师：说得很好，大家看看课文，有一段话告诉了我们"人飞上天"到底是怎么回事儿，找到了没有？

生：课文第二自然段。

师：请大家快速默读这一段，看看你们能不能解决刚才的问题。

（生默读，思考。）

师：我们来交流交流，说说你的收获。

生：我知道了，"人飞上天"中的人指的是一个叫万户的人。他在一把椅子上绑了四十七支火箭，然后自己坐在椅子上，手里拿着两只大风筝，点燃火箭尝试飞到天上。

师：这个人想的是先用火箭把自己带到天上，然后借助风筝飞翔和降落。这个想法很大胆，能够成功吗？根据你的经验来判断一下。

生：我觉得不会成功的，因为人太重了。

师：课文中怎么说的？

生：他的火箭飞行尝试没有成功。

师：我们再来看看另一个词语——空中飞车，课文中没有相关的描述，不能联系上下文解决了，怎么办？

生：可以查字典或者查资料。

师：我们先猜一猜空中飞车是什么东西？

生1：就是能飞上天的车。

生2：可能是有一个非常陡的坡，车飞快地开过去，就冲到了天上。

师：王老师查了资料，分享给大家。

---

**| 课件出示 |**

根据《苏州府志》记载，在我国清朝时期，苏州地区有位能工巧匠徐正明，用了近十年的时间，造出来一架带旋转飞翼的"飞车"。人坐在"飞车"的椅子上，用脚踩踏板，通过机械传动旋翼，"飞车"居然离地一尺多高，腾空越过一条小河。

徐正明的"飞车"造好以后，没有得到外界的赞助支持，他的妻子也颇有怨言，家境日益贫困艰难，没办法再继续改进他设计的"飞车"。他死后，他的妻子悲愤欲绝，一气之下就把那架"飞车"给烧了。世界上最早的人力飞行器就这样失传了。

---

（生自读资料，获取信息。）

师：有的同学读着读着就开始叹气了，你为什么会叹气？

生 1：我不懂他妻子为什么要把这辆车给烧了。

生 2：他妻子把这辆飞车烧了，实在是太可惜了。

师：现在明白什么是空中飞车了吧？

生：知道了，资料中说了，一个叫徐正明的人造了一架带旋转飞翼的"飞车"。人坐在"飞车"的椅子上，用脚踩踏板，通过机械传动旋翼来飞。

师：徐正明非常了不起，在那个时候就有这么大胆的尝试，而且坚持了 10 年。现在大家都了解"人飞上天"和"空中飞车"了吧？回想一下，我们是怎样了解的？

生："人飞上天"是联系上下文了解的，"空中飞车"是借助资料了解的。

师：虽然万户和徐正明都没有成功，但是他们非常勇敢和执着，他们进行了别人不敢做的尝试，为我们后来实现这样的梦想开了一个好头。

### 三、运用方法，自主解决问题

1. 联系上下文解决问题，了解我国航天事业发展过程。

师：刚才我们读了课文，理解了词语，下面我们要尝试着解决导语中说的第一个问题了，是什么？

生：说说中华民族千年的飞天梦是怎样逐步实现的。

师：要想解决这个问题，你觉得用哪个方法更合适？

生：联系上下文。

师：下面请同学们默读课文第三至七自然段，思考上面的问题，注意抓住时间节点，勾画出有效的信息来，自主填写下面的表格。

**| 课件出示 |**

| 时间 | 关键事件 |
|---|---|
|  |  |
|  |  |
|  |  |
|  |  |

（生默读课文，思考问题，填写表格。）

师：我们来交流交流吧，大家勾画的第一个时间和事件是什么？

生：1970年，中国成为世界上第五个能够发射卫星的国家。

师：谁来继续交流？

生1：1992年，党中央决定实施载人航天工程。

生2：2003年10月15日早晨9时，"神舟五号"成功发射。

生3：2007年10月24日，"嫦娥一号"成功发射。

生4：最近的2019年，"嫦娥四号"探测器实现了人类首次月球背面软着陆。

师：这几个时间点都很重要，因为在这几个时间点上发生了非常重要的事情。

| 课件出示 |

| 时间 | 关键事件 |
|---|---|
| 1970年4月24日 | 中国成为世界上第五个能够发射卫星的国家。 |
| 1992年9月21日 | 党中央决定实施载人航天工程。 |
| 2003年10月15日早晨9时 | 在酒泉卫星发射中心，我国自行研制的"神舟五号"飞船被送上太空。 |
| 2003年10月16日6时23分 | 飞船在环绕地球十四圈后成功返回着陆场。 |
| 2007年10月24日 | 我国成功发射第一颗月球探测卫星"嫦娥一号"，这是我国航天事业的又一座里程碑。 |
| 2019年1月3日 | "嫦娥四号"探测器实现了人类首次月球背面软着陆，并传回了第一张月背近距离拍摄的清晰的月表形貌图。 |

师：下面请同桌两个人一组，看着上面的表格，互相练习着讲一讲中国的千年飞天梦是怎么样一步一步实现的。

（同桌互相练习。）

师：哪一组同桌能上台给大家讲一讲？你们俩人现在就是我们的讲解员，一定要精神抖擞。让我们用热烈的掌声欢迎讲解员上台。

生1：各位同学，今天我要给大家讲解中国航天逐步发展的过程。1970年4月24日，中国成为世界上第五个能够独立发射卫星的国家。1992年9月21日，党中央决定实施载人航天工程。2003年10月15日早晨9时，在酒泉卫星发射中心，我国自行研制的"神舟五号"飞船被送上太空。2003年10月16日早晨6时23分，飞船在环绕地球十四圈后成功返回着陆场。

生2：2007年10月24日，我国成功发射第一颗月球探测卫星"嫦娥一号"，这是我国航天事业的又一座里程碑。2019年1月3日，"嫦娥四号"探测器实现了人类首次月球背面软着陆，并传回了第一张月背近距离拍摄的清晰的月表形貌图。

师：我要表扬刚才两位学生，第一位同学非常勇敢，而且配合上了手部的动作，非常好；第二位同学还用眼神跟大家进行了交流，也值得表扬。下一组同桌上来讲的时候希望能够发扬这些优点，默契地配合。

（第二组同学上台讲述，表现非常出色。）

师：第二组同学不仅讲得很好，有动作，有眼神交流，一上台还跟大家打了招呼，很有礼貌，值得表扬！

2. 借助资料，了解我国航天事业发展最新情况。

师：同学们，第一个阅读任务我们已经顺利完成，下面我们要做的是什么事情？

生：查阅资料，了解我国航天领域的最新成就。

师：今天大家没来得及查资料，不过，王老师为大家带来了几份材料，打开你们的学习单，上面就有相关的资料，请你快速默读，看看你能了解到哪些信息，一边默读一边勾画下来。

| 课件出示 |

资料一：数字航天

根据统计，2018 年全球航天发射次数达 114 次，共将 461 个航天器送入太空。其中，中国航天发射次数以 39 次的成绩居世界第一。

——《中国航天科技活动蓝皮书》

2019 年，中国航天高密度发射，全年发射次数超过 30 次，发射航天器超 50 颗。长征系列运载火箭累计发射次数突破 300 次。

——央视新闻客户端

资料二：前沿信息

1. "嫦娥五号" 2019 年将实现月球采样返回

2019 年，我国多个重大航天工程都将迎来关键节点。"嫦娥五号"月球探测器将实现我国首次月球采样返回，完成探月工程"绕、落、回"三步走的最后一步——"回"。也就是着陆月球，采集月球表面样本之后，还要再返回地球。

2. "高分七号" 2019 年将发射升空

我国高分辨率对地观测系统建设也将有新进展，最新成员——"高分七号"将发射升空，作为一颗高精度测绘卫星，它将使我国的测绘精度得到大幅提高。

3. 2019 年我国首次进行海上发射

2019 年我国使用"长征十一号"固体运载火箭进行了首次海上发射。

4. "长征八号"将于 2019 年完成研制

长征系列火箭的新成员——"长征八号"于 2019 年完成研制。作为新一代中型运载火箭，"长征八号"的全新模块化设计和回收技术，使其具备很强的国际竞争力。

（生默读，汲取信息。）

师：我们班同学非常善于提取信息，在阅读信息的时候随手就勾画出了最重要的内容，这种习惯非常好。下面我们进行一个新闻发布活动，准备好的同学可以上来，为大家播报你想讲的一两条重要信息。

生1：据统计，2018年全球航天发射次数达114次，共将461个航天器送入太空。其中，中国航天发射次数以39次的成绩居世界第一。

师：你最想跟大家说的是哪几个字？

生1：世界第一。

师：当你听到"世界第一"的时候是什么感觉？

生1：我感觉很自豪，我们国家航天发射从落后到一年发射39次，进步非常大。

师：谁来继续播报？

生2：长征系列火箭的新成员——"长征八号"于2019年完成研制。作为新一代中型运载火箭，"长征八号"的全新模块化设计和回收技术，使其具备很强的国际竞争力。

师："长征八号"让我们有了更强的国际竞争力，我们感到非常自豪。

生3：2019年，我国多个重大航天工程都将迎来关键节点。"嫦娥五号"月球探测器将实现我国首次月球采样返回，完成探月工程"绕、落、回"三步走的最后一步——"回"。也就是着陆月球，采集月球表面样本之后，还要再返回地球。

师：我们航天事业的新发展多让人骄傲！请下一位同学继续。

生4：2019年我国使用"长征十一号"固体运载火箭进行了首次海上发射。

师：一般的航天器是在哪里发射的？

生5：陆地上。

师：你知道的发射中心有哪些？

生6：酒泉卫星发射中心、西昌卫星发射中心。

生7：还有太原卫星发射中心和文昌卫星发射中心。

师：现在我们还能在海上发射，太厉害了，大家一定也深感自豪。

生8：2019年，中国航天高密度发射，全年发射次数超30次，发射航天器超50颗。长征系列运载火箭累计发射次数突破300次。

（生鼓掌。）

师：看到这些信息，我相信每个同学都会感到自豪，我们祖国的航天事业正在蓬勃发展，一起来读题目。

生：千年梦圆在今朝！

师：相信通过这一课的学习，同学们不仅学会了如何解决问题，还感受到了我国航天技术发展的惊人速度。我知道很多同学对航天非常感兴趣，也了解相关的知识，老师为大家推荐两本书，分别是《太空日记》和《揭秘航天器》，希望你们能了解到更多的航天知识，将来也为我们祖国的发展做出贡献。这节课就上到这里，下课。

## 深度评析

王老师上的《千年梦圆在今朝》是四年级下册的第八课，是第二单元的一篇略读课文。这个单元的语文要素是"阅读时能提出不懂的问题，并试着解决"。听了这堂课以后，大家都有很多启发，接下来我们讨论四个问题。

第一，正确把握略读课文的教学目标。略读课文是统编版小学语文教材经常出现的一种课文的类型，这类课文没有新知识的传授要求，它的主要功能就是提高学生的自学能力和阅读能力，迁移运用讲读课上学到的方法。所以这堂课，王老师紧扣单元教学重点，让学生尝试解决问题。我们来梳理一下整堂课的教学过程：首先是总结解决问题的四个方法，花了两分多钟，很节省时间；其次是词语教学，通过解决问题来理解词义，把教学词语和解决问题巧妙地结合在了一起，这个构思非常好；再次是这堂课的重头戏，让学生梳理我国航天事业的发展过程；最后是了解我国航天事业的发展现状。整个教学设计紧扣单元语文要素，引导学生去迁移运用这种解决问题的方法，教学目标非常明确。

第二，结合解决问题的过程，训练学生的表达能力。这堂课设计的学生做讲解员介绍我国航天事业发展的环节，给人留下深刻印象。这个环节学生自己练习用了 6 分钟，整个板块用时 12 分钟。像这篇略读课文，虽然学习重点是提出问题并解决问题，但是很有必要让学生练习口头表达。当前的略读课上让学生直接运用语言文字进行表达的不多。表达对学生语言文字应用能力的提高有直接作用。所以这节课里，学生的训练环节不是多了，而是少了。这节课，王老师先让学生自己梳理填写表格，然后每个学生自己学习口头表述，这样就覆盖到全体学生，每个学生都参与了练习。接下来王老师请几位学生为全班同学讲解中国航天发展的过程。王老师最后请的是两名女同学，这样的安排很有智慧，因为小学阶段女生的口头表达能力一般比男生好。特别是第二个女生是有解说员经验的，讲解得很出彩，讲解员就应该这样表达，而这样的表达经验和能力不是一次两次就能形成的。我们的语文课如果经常创设机会让学生这样练习表达，那么学生的口头表达能力会发展到什么程度？其实，这不仅是口头表达练习，还是一种在大庭广众之下演讲的心理训练。了解航天事业很重要，而克服恐惧心理，在大庭广众之下大大方方地说话，用合适的语调、适当的手势侃侃而谈，这种能力对人的终生发展可能更重要。所以，语文课上花时间让学生练习口头表达，会给学生一生的发展奠定非常好的基础，这样的安排只少不多。现在语文课侧重阅读及思考能力的培养，口头语言表达环节占的时间较少，这是当下语文课的缺陷，其实像这种结合课文内容的语言表述练习对学生理解能力的提高也是很有好处的。学生梳理内容填写表格的过程就是一种主动的阅读理解的过程，讲解表达也需要有理解能力的参与，不理解也不可能表达清楚。可见这样的设计是双赢的，既解决问题，又训练口头表达能力。

第三，把理解词语和解决问题结合在一起，字词教学设计很有特色。比如"人飞上天""空中飞车"这两个词不好理解，就需要查资料才能弄明白。这就是在解决问题，化解问题。略读课文也有学习生字的要求。这篇课文有十个生字，有的不好写，像"里程碑"的"碑"，"实践"的"践"；有的不好读，像"松懈"的"懈"。老师要让学生在预习时自学生字新词，在课堂上对这些字词检查、复习、巩固，提醒学生这些字词在音形义上的难点。小学阶段，每篇课文的字词教学都应该落到实处，老师要提醒学生自学时不要读错，不要写错。因为有些生字、新词在其他年级、其他课文中可能不出现了，不教扎实就会留下隐患。电脑手机时代学生写字的时间少了，所以课堂要复习，课外要写字，不然学生以后就更不会写了。生字教学，无论是讲读课文里的生字还是略读课文里的生字，甚至包括《语文园地》里的生字，都是语文教学的重点内容，千万不能忽视，要让常用汉字在学生的脑海里牢牢地扎根，让他们对这些汉字铭记于心。

第四，讨论一下语文课到底要解决什么问题。这个单元的语文要素是"阅读时能提出不懂的问题，并试着解决"，王老师将运用合适的方法解决问题作为这堂课的教学重点，这很正确。但是学生到底要解决什么问题，是课本提出的问题、老师提出的问题，还是学生在阅读中自己提出的问题？毫无疑问，解决学生自己提出的问题更好，因为解决学生阅读中遇到的问题更有价值，这样才能真正提高学生解决问题的能力。然而在实际教学中，老师们更习惯于解决课本中提出的或备课时自己预设的问题，这当然也不错，但是直面学生提出的问题去解决，学生会更有兴趣，对提高学生解决问题的能力更有帮助。

怎么解决这个问题？我们可以充分利用预习环节，比如课文中出现的"人飞上天""空中飞车"这些词语，就可以在预习中提出来，让学生去解决，然后在课堂上检查学生对这个问题是怎么解决的。另外，学生在这堂课最后交流的中国航天事业发展最新情况的资料，似乎都是王老师准备好的，其实可以让学生自己去找，如果学生收集到老师没有收集到的资料就要给予充分肯定。其实最近几年中国航天事业发展的速度是非常快的，老师收集的资料肯定是不全面的，让学生把最新资料找出来，学生肯定比较感兴趣。还有就是可以将问题再作为课堂作业布置：读了这篇课文以后，你产生了什么问题？比如中国成为世界第五个能够发射卫星的国家，那前四个是哪些国家？再比如：人类首次月球背面软着陆，背面着陆和正面着陆有什么区别？让学生带着问题离开课堂，自己在课外去解决，这也是非常好的方法。老师这样去提醒、引导，可以提高学生的问题意识，提高学生解决问题的实际能力。让学生真正带着自己的问题去收集资料，去寻找解决问题的方法，对提高阅读能力和解决问题的能力更有帮助。

第三辑

诗歌教学

我认为古诗教学添加学习内容的最佳途径是通过学的这首诗去扩展更多的古诗。儿童阶段学古诗，多读一首是一首，多多益善。

# 朗读中体会用词的准确
# 仿写中体验想象的魅力

## ——二年级下册《祖先的摇篮》教学实录及深度评析

### 教学过程

#### 一、歌曲引入，激发兴趣

师：同学们，今天上课前我们先来听一首非常熟悉的歌曲。（师播放《摇篮曲》视频。）

生：这是《摇篮曲》，我很熟悉。

师：我知道这首歌很多同学不仅听过，而且还特别熟悉，甚至一听到这首歌就想闭上眼睛，不过可千万别睡着了。还记得你小时候的摇篮是什么样的吗？

生1：我小时候用的摇篮是竹子编的。

生2：我的摇篮是粉色的。

生3：现在看，摇篮是很小的，不过当时觉得挺大，挺舒服的。

师：今天我们要学习的课文题目就是《祖先的摇篮》，"祖先"的"祖"是本课的一个生字，左边是——

生："示字旁"，写的时候要注意右边只有一个点。

师：非常好，这个"祖"我们都非常熟悉，就是"祖国"的"祖"。看老师来写课题。

（师板书课题，生齐读。）

师：谁知道祖先是什么？

生：祖先就是我们的长辈。

师：那你的爸爸、爷爷算不算？

生：好像不能算。

师：是啊。祖先指的不是一般的长辈，而是很早很早之前的先辈。同学们，这篇课文题目叫《祖先的摇篮》，看到这样的题目，你想知道些什么？

生1：祖先的摇篮应该是什么做的呀？

生2：祖先的摇篮里有什么？

生3：祖先的摇篮是什么颜色的？

生4：我们的祖先会干些什么事情？

## 二、学习字词，整体感知

1. 借助图片，认读词语。

师：让我们带着自己想知道的问题来读这篇文章，注意把字音读准，句子读通顺，开始吧。

（生自由读课文，师巡视指导。）

师：读完了吗？刚刚大家读书的时候坐姿端正，非常认真，我们来交流一下读书的情况吧。这四个词语谁会读，请举手。

生读：野果、鹊蛋、野兔、蘑菇。

师：两位同学都读得特别好，我们继续——

生读：小松鼠、野蔷薇、红蜻蜓、绿蝈蝈。

师：真不错！小松鼠你们见过没？野蔷薇呢？

生：小松鼠见过，野蔷薇没见过。

（师出示野蔷薇的图片，生看图读词语。）

师：红蜻蜓、绿蝈蝈大家见过吗？

生：红蜻蜓见过，绿蝈蝈没见过。

（师出示红蜻蜓、绿蝈蝈的图片，生看图读词语。）

2. 练习搭配，积累语言。

师：真好，词语大家读得不错，咱们来看一看这两个生字（课件出示：

摘、掏），这两个生字有什么共同点？谁发现了？

生1：这两个生字都是提手旁。

生2：这两个动作应该和手有关。

师：比如说这个"摘"，来到果园，你可能会摘什么？

生：摘苹果、摘李子。

师：你摘过什么？

生3：我跟妈妈去摘过草莓，我跟小伙伴摘过柿子。

生4：我在菜园里摘过黄瓜、茄子、辣椒。

师：是啊，在果园里、菜园里这些都可以摘，在教室里能不能摘呢？

生：不能。

师：你看我——（师做摘眼镜的动作。）这是——

生：摘眼镜。

师：不仅可以摘眼镜，还可以——

生：戴眼镜。

师：摘是手的动作，我们再看一个字，还是提手旁的——

生齐：掏。

师：你们肯定掏过什么东西吧，早上来学校，你会掏出什么？

生：我会从书包里掏出书来，会把铅笔从文具盒里掏出来。

师：你还看见过谁掏什么东西？

生5：妈妈从爸爸的衣服口袋里掏出钱来。

生6：妈妈从包里掏出钥匙开门。

师：是啊，这个"摘"和"掏"都是跟手有关的动作。王老师来写带有提手旁的这个"摘"字，大家注意，左边的提手旁占位不要太多。右边很容易写错，谁来提醒提醒大家？

生：右边跟数学里学到的"商"很像，但是又不一样，里面是古代的"古"。

师：你的观察很细致，提醒很重要，来看看老师是怎样写的。

（师范写后生练习书写。）

师：刚刚我们读到的四个词语——野果、鹊蛋、野兔、蘑菇，我们可以说摘野果、掏鹊蛋，如果要给野兔、蘑菇搭配一个动作，可以怎么说？

生1：采蘑菇。

生2：追野兔。

师：刚刚我们还读过一组词语——小松鼠、野蔷薇、红蜻蜓、绿蝈蝈，可以怎样搭配呢？

生3：采野蔷薇。

生4：逗小松鼠。

生5：逮红蜻蜓。

生6：逮绿蝈蝈。

师：同学们，大家的搭配很恰当，值得积累下来，自己练习练习吧。

（生练习，进行积累。）

3. 解答质疑，了解大意。

师：同学们，祖先的摇篮是什么样的呢？刚刚大家提出了这样的问题，现在读了课文了，你们能不能用一个词语来形容一下？

生：一望无边。

师：这个词真好，还有呢？

生：苍苍茫茫。

师：非常好！同学们，读了课文我们知道了，原来祖先的摇篮其实就是——

生1：原始森林，一望无边的原始森林。

生2：苍苍茫茫的原始森林。

师：这就是祖先的摇篮，一望无际的原始森林就是祖先的摇篮。你看这里有一个字"望"，写的时候也有特别需要注意的地方，比如，当我写完一点一横，下面该写什么了？

生：竖提。

师：对，原来这是一个灭亡的"亡"字，这里竖折变成了竖提，右上是"月"，下面的"王"要写得扁一些。

（师范写后生练习书写。）

师：我们把这两个词语放到这两节诗中，再来读一读。

| 课件出示 |

| | |
|---|---|
| 爷爷说： | 风儿吹动树叶 |
| 那原始森林 | "沙沙，沙沙！" |
| 是我们祖先的摇篮。 | 那回忆 |
| 真有意思， | 多么美好， |
| 这是多大的摇篮啊！ | 又那么遥远…… |
| 那浓绿的树荫 | 啊！ |
| 一望无边， | 苍苍茫茫的原始森林， |
| 遮住了蓝天。 | 我们祖先的摇篮！ |

（师指名读这两节诗。）

### 三、聚焦字词，读中想象

1. 紧扣感叹号，指导朗读第一节诗。

师：我们先来读一读第一节诗，自己先练习读一读，一会儿我们请几位同学读给大家听。

（生练读后师指名读。）

师：大家读得不错，不过还可以读得更好。要想读好这节诗，可是有方法的。这节诗中有一个字和一个标点符号都很重要，你觉得是哪个字和哪个标点符号？

生：是"啊"和后面的那个感叹号。

师：这个"啊"字确实很重要，现在跟老师一起来写写这个"啊"字。"啊"字是口字旁，因为我们在感叹时一定要用嘴巴。谁发出过这样的感叹？

生：啊，多么美丽的公园！

师：对，就是这种感觉。

生：啊，郊外的春天多美丽！

师：现在我请一位同学再来读这节诗，自己想想感叹时的心情和感受，然后再读。

（多生朗读，师及时进行评价。）

师：在这节诗中，还有一个"浓"字，这个"浓"字左边是一个三点水，请注意，它的占位不要太多，右边是一个农村的"农"。你们知道浓绿的树荫是哪个季节会有的吗？

生：夏天。

师：我们来看几张图片，看看上面的绿算不算是浓绿？第一张——

生：应该是翠绿。

师：再接下来这张呢？

生：嫩绿和深绿。

师：看来啊，祖先的摇篮是多变的，颜色是可以随着季节来变化的。如果让你看着这幅图来说话，你可以怎么说？同桌两人可以一起练习。

（生练习后交流。）

生：真有意思，这是多大的摇篮啊，那翠绿的树荫一望无边，遮住了白云。

师：你的表达有变化，值得表扬。

生：真有意思，这是多大的摇篮啊，那高挺的树木拔地而起，遮住了阳光。

师：更棒了，掌声送给他。

生：真有意思，这是多大的摇篮啊，那彩色的灌木丛一望无边，像彩色的蘑菇一样。

师：同学们，我们来回顾一下，小时候你的摇篮不仅漂亮，还怎么样？

生1：躺上去很舒服。

生2：躺上软软的，暖暖的。

师：大家想想，祖先的摇篮躺上去会是什么感觉？

生3：我想应该是软软的，因为草地上有草。

生4：软软的，而且还可以闻到花香。

生5：应该是暖暖的，因为有阳光照着。

2. 运用学习方法，读好第二节诗。

师：特别好。同学们，我们回顾一下，刚刚我们学习了第一节，是怎么学习的？

生 1：主要是读，读的时候要注意标点符号。

生 2：还想象了，练习说话了。

师：现在，我们就用这个方法学习课文第二节，首先我们要干什么？

生：朗读。

（生练习朗读后师指名读。）

师：听了几位同学的朗读，我有一种感觉，好像我们的祖先挺淘气的，你听出来了吗？他干的哪些事有点淘气了？

生 3：把人家喜鹊的宝宝掏走了。

生 4：掏鹊蛋得爬树，挺危险的。

师：是啊，特别危险，要是爬到树上鹊蛋没有掏到，自己却掉下来了，太危险了。再看看，我们的祖先还干了什么事情？

生：和野兔赛跑。

师：我们都知道野兔跑得很快。我们的祖先竟然和野兔赛跑，怪有意思的。还有哪件事你也觉得很有意思？

生：看蘑菇打伞、摘野果。

师：谁摘过野果？来，你告诉大家。

生 5：摘野果时得特别小心，因为树上有可能会有蜜蜂，惊动了蜜蜂，它们可能会下来蜇你。

生 6：我之前摘过枣，枣树上有那种红红的毛毛虫，身上的刺是有毒的。

师：我们的祖先像我们一样淘气，这节诗写得太有意思了。谁来读一读？让我们感受感受这种淘气、好玩。

（多生朗读。）

师：读得不错。刚刚我们说了，要想读好这首诗，还要抓住什么？

生：要抓住标点符号。

师：你看，上一节的学习中我们抓住了感叹号，在这节诗中，你看到了什么？

生："蛋"和"伞"后面的那个问号。

师：对，是问号。你们肯定也提过问题，疑问的语气大家都明白吗？来，自己练习练习，看能不能读出疑问的语气来。

（生练习后进行朗读展示，师相机指导。）

师：这几位同学读得真好，我们一起来读一读。

（生齐声朗读。）

3. 引导学生想象，落实语言运用。

师：同学们，我们回顾一下，在这节诗中，我们的祖先在大树上干什么呢？

生：我们的祖先在树上摘野果，掏鹊蛋。

师：在草地上又干了什么呢？

生：和野兔赛跑，看蘑菇打伞。

师：我们一起来读读这几件事。

生齐：摘野果、掏鹊蛋，和野兔赛跑、看蘑菇打伞。

师：真的好有意思，我们把这节诗再读一读。

（生齐读这节诗。）

师：大家读得特别棒，王老师也想来读一读，你们听听我读得怎么样。

（师朗读，有意将"可曾在这些大树上"和"可曾在那片草地上"调换位置。）

师：大家来评价评价，你们觉得我读得怎么样？

生1：声音响亮，很流畅。

生2：很有感情。

师：有发现了什么问题的同学吗？

生：王老师，你是不是把两个句子读反了？

师：读反了，读反了没什么影响吧？

生3：有影响啊。因为你说可曾在这些大树上和野兔赛跑，看蘑菇打伞。怎么能在大树上和野兔赛跑，看蘑菇打伞呢？

生4：是啊，摔下来怎么办啊？太危险了！再说了，大树上也没有野兔，也没法赛跑，大树上也没法看蘑菇打伞。

生5：在那片草地上摘野果，掏鹊蛋也不合适。野果是长在树上的，鹊蛋也是在树上的，要是鹊蛋在草地上的话，很容易被踩碎的。

师：大家发现了吧，我们所想象的内容要跟地点匹配起来才行。我现在说一个地方——小河边，你能想到祖先可能在那里干什么？

生：钓鱼。

师：可以，这是可能发生的事，继续。

生1：游泳。

生2：捉螃蟹，逮小鱼。

师：我们换一个地方——在大山上，你能想到祖先可能在那里干什么？

生3：可以听鸟儿歌唱。

生4：看花儿跳舞。

生5：还可以在大山上逗小松鼠，逗小猴子。

师：说得非常好，大家能不能试着把自己想象到的内容带到课文的句式中，连起来说一说？同桌先相互说一说吧！

生6：我想，我们的祖先，可曾在那条小河边捉螃蟹，逮小鱼？

生7：我想，我们的祖先，可曾在这座大山上逗小松鼠，采玫瑰花？

师：非常棒，这两位同学不仅说得流畅，还注意了疑问的语气，这一点特别值得表扬，我们继续——

生：我想，我们的祖先，可曾在那条小河边捉螃蟹，逮小鱼？可曾在那座大山上听小鸟歌唱，看蝴蝶跳舞？

师：太棒了，她直接连成了一节诗，掌声送给她。

生：我想，我们的祖先，可曾在那条小河边采莲花，逗小鱼？可曾在那座大山上摘松果，逗小松鼠？

师：好，我现在要请三位同学到前面来，一位同学读课文的原文，另外两位同学读自己编写的那一段，怎么样？

生1：我想——

我们的祖先，

可曾在这些大树上

摘野果，

掏鹊蛋？

可曾在那片草地上

和野兔赛跑，

看蘑菇打伞？

生2：我想——

我们的祖先，

可曾在那条小河边

捉螃蟹，

逮小鱼？

可曾在那座大山上

听小鸟歌唱，

看蝴蝶跳舞？

生3：我想——

我们的祖先，

可曾在那条小河边

和小鱼玩耍，

自由地游泳？

可曾在那座大山上

掏蚂蚁洞，

逗小松鼠？

师：很好，掌声送给他们。

## 四、拓展阅读，布置作业

师：同学们，今天我们学习了《祖先的摇篮》这一课，感受到了其中的乐趣。有这样一本书——《祖先的摇篮》，我希望大家有机会也去读一读。我们打开目录看一看，你最想读的是哪一篇？

（课件出示这本书的目录页，生看。）

生1：我想读的是《海妈妈的女儿》。

生2：我想读《木耳》。

生3：我想读《我想向它借一张网》。

生4：我想读《兔子灯》。

师：非常好！课后，希望大家都读起来。除了阅读，还有一项作业：请大家认真书写本课的生字。这节课我们就上到这里，下课！

## 深度评析

王老师擅长上中高年级的语文课。听了这堂课，我发现他低年级语文课上得也相当不错。下面我谈几点听课体会。

首先谈谈低年级的识字教学。低年级课文教学承担着阅读和识字双重任务。因此每篇课文的基本教学任务，一是读懂读熟课文，提高朗读技能，培养阅读能力；二是认识生字，理解新词，扩大生字词语的积累。当下低年段阅读教学中有个比较普遍的现象，就是有些教师将教学重心偏向于课文内容的理解和思想情感的体验上，对如何指导学生理解课文内容考虑得比较周到，而对如何教学课文中的生字词语则缺乏研究，考虑得不够深入，课堂教学中用于识字写字教学的时间也非常有限。这种现象必须警惕。课程标准指出，低年级以识字教学为重点。学生要认识2000个汉字，不仅能认读，还能理解字词的意思，能够正确地默写，这些是低年级语文课必须完成的刚性任务，这样才能为中高年级阅读及习作教学打好扎实的基础。

王老师这堂课的字词教学设计十分用心。在板书课题时，王老师就突出生字"祖"的写法，提示"示字旁"只有"一个点"。学生自读课文以后，王老师分两组出示八个词语，利用图片让学生轻松认识了"野蔷薇、红蜻蜓、绿蝈蝈"这些动植物。这样设计符合低年级学生认知特点。阅读过程中，除了出示课题时范写"祖"和"篮"字，王老师结合课文学习还有意识地范写了"摘""望""啊""浓"等四个字。这篇课文要求书写的汉字有九个，王老师在黑板上特意书写了其中六个。特别是"摘"的右下是个"古"，与"商"有区别；"望"左上角的"亡"字要变形，"啊"字口字旁书写的位置等。这样的提醒很有必要。可见黑板上应该书写哪些汉字，王老师是事先经过仔细思考并做了认真设计的。

比较遗憾的是这节课学生写字时间太少。王老师板书后才让学生书写了

"摘""望"两个字，后半节课也没有安排写字时间。可能有教师认为，写字可以安排在第二课时集中书写。其实课程标准强调每节课安排 8 ~ 10 分钟写字是有道理的。让学生在认读生字以后动手写一写，不仅可以帮助学生巩固识字，而且有利于学生写好字。学生写好字，教师指导当然很重要，但关键是学生要多写多练。每节课最好都能安排学生写字，同样是写 20 分钟，每次 10 分钟练习写两次，肯定比一次写 20 分钟效果要好。

其次谈谈词语教学。理解词义是词语教学最基本的要求，学过的新词都应该理解其意思。其实优秀教师都明白词语教学的最终目的是让学生学会运用，学会运用是词语教学的更高境界。20 世纪颁布的几部小学语文教学大纲都特别强调"学过的常用词语大部分会运用"，明确将指导运用作为词语教学的重要任务，这个观点其实十分重要。21 世纪的 2 部语文课程标准对词语的运用没有刻意强调，也没有明确提出要求，因此不少教师教学词语过于偏重对词义的理解，忽视了词语的运用，这并不妥当。教师们都知道理解并不等于会运用，理解和运用是词语教学中两个不同层次的目标。理解而不会运用，其实也不一定是真正的理解。这堂课王老师字词教学板块大致用了 8 分钟。读准字音、理解词义上只用了 2 分钟，接着花了 5 分钟时间让学生练习用两组不同结构的词语进行词语搭配。第一组是"摘野果，掏鹊蛋"，动词"摘"和"掏"还可以用在什么地方？学生说出摘苹果、摘李子、摘草莓、摘柿子、摘黄瓜、摘茄子、摘辣椒等，还可以摘眼镜。"掏"可以用于哪些动作？学生说出了从书包里掏书，从文具盒里掏铅笔，从口袋里掏钱，从包里掏出钥匙等。第二组是给野兔、蘑菇这些名词加表示动作的词，学生说出了追野兔、采蘑菇、采野蔷薇、逗小松鼠、逮红蜻蜓、逮绿蝈蝈等。这样两组不同结构的词语搭配练习，不仅能够使学生在运用中加深对词义的理解，还非常实感地建立起了动词和名词正确搭配的概念，这对学生在其他语境中正确运用这些词语积累了十分宝贵的经验。这是整堂课值得肯定的又一个特点。

再次谈谈这堂课的朗读训练。朗读是语文教学最常用、最重要的方法，朗读对学生语言的积累、语感的形成的作用是其他任何方法都无法替代的。阅读教学一定要保证学生有充分的朗读课文的时间，特别是低年级。学生通过反复朗读，既能够读熟课文，又能够读懂课文。这堂课王老师对朗读应该说是重视的，特别是分段讲读课文环节，每一节诗学生都有反复朗读的机会，自读、全班齐读、个别朗读、对比读等，形式多样。通过读读议议，学生读懂了诗歌，读出了感情。王老师引导学生关注感叹号和问号的作用，体会到了祖先的摇篮的美好和温暖，体会到了祖先在摇篮里玩耍的快乐。不足之处是朗读整首诗歌的机会太少，王老师只在开头安排了自读课文环节，学生用了约1分钟时间自读了一遍课文，接下来安排的都是分节朗读，最后也没有安排完整朗读课文。这样不利于学生对诗歌的整体认识。建议在开头学生自读课文以后，再安排同桌互读，指名个别朗读检查，或者男女生分别读等。学完课文以后，学生至少再有一次齐读或个别读的机会，引导他们读出自己对课文的学习体会。多一些朗读机会，让学生对整首诗歌有更深入的认识，效果应该更好。师生议论朗读的时间可以减少，增加学生自己朗读的时间。其实"读懂"诗歌只是最低层次的要求，让每个学生"读熟"，进而达到熟读成诵的程度，应该是语文课追求的目标。因为课文朗读不达到"烂熟于心，脱口而出"的程度，就难以实现语言内化的目标，也不可能形成语感。要想"读熟"课文，只有靠学生自己反复朗读，所以必须切实保证课堂内学生大声朗读的时间。贾志敏老师上语文课很重视学生朗读课文的环节，尽管一堂课里学生朗读次数不少，但语文教育专家李伯棠教授听课以后批评贾老师"还是读得太少"。如果只是要求读懂诗歌的意思，那么读上2～3遍或许就可以达成目标，但如果追求"读熟"课文，熟读成诵，那就需要读上8遍、10遍，甚至更多。

最后再谈谈这堂课的说话练习。培养学生说话能力和良好的说话习惯是低年级语文教学的重要任务。小学生从说一句完整的话，到连贯地说几句话，再到连贯地说一段话，必须经过长期严格的训练才能逐步达成。因此，优秀的语文教师在阅读教学中经常有意识地结合课文内容设计各种说话练习，千方百计地提供机会引导学生进行说话训练，这是低年级语文教学设计中必须始终关注的一项重要内容。这堂课王老师设计了两次说话练习。第一次是结合第一节诗设计的看图说说"祖先的摇篮真有意思"，王老师给出开头，让学生接下去说几句话，先同桌两人一起练习，接着指名四五个学生个别交流。说话内容设计和指导过程都很不错。第二次是结合第二节诗，想象祖先会在小河边干什么，在大山上干什么。课文中祖先活动的地点是在大树和草地上，王老师引导学生变换地点，把自己想象的内容连起来说两句话，其实就是鼓励学生模仿课文句子写两句诗，设计得很有创意，学生兴趣很高。我们比较一下三位学生交流的句子：

生1：我想，我们的祖先，可曾在那条小河边捉螃蟹，逮小鱼？可曾在那座大山上听小鸟歌唱，看蝴蝶跳舞？

生2：我想，我们的祖先，可曾在那条小河边采莲花，逗小鱼？可曾在那座大山上摘松果，逗小松鼠？

生3：我想，我们的祖先可曾在那条小河边和小鱼玩耍，自由地游泳？可曾在那座大山上掏蚂蚁洞，逗小松鼠？

第一位学生写得最好，第一句是"捉螃蟹，逮小鱼"，第二句是"听小鸟歌唱，看蝴蝶跳舞"，前后两句的句子结构有变化，和课文句子结构基本一致。后面两位学生前后两句的结构没有变化，特别是第三位学生的第一句与课文诗句结构完全不同，这样的句子没有美感，节奏感也很差。所以我想：教师指导时，其实祖先在什么地方干什么无须刻意指导，倒是应该将重点放在两句诗的结构比较上。在大树上是"摘野果，掏鹊蛋"，在草地上是"和野兔赛跑，看蘑菇打伞"，引导学生体会句子结构的变化，体会这样有变化的句子读起来更有美感，节奏感更强。如果把学生的注意力导向句子结构的比较上，让学生用不同的句式说出祖先在什么地方干什么，这样对学生学习语言建构指导性更强。

# 品析重点字词　感悟诗情诗韵

## ——三年级上册《望天门山》教学实录及深度评析

## 教学过程

### 一、谈话导入，感知山的壮美

师：同学们，我国古代的汉字非常有意思，有的就像是画一样。瞧瞧，这会是什么字呢？

生："山"字。

师：中国的名山特别多，很多山都特别有名。你知道哪座山？

生1：泰山。

生2：华山。

生3：峨眉山。

师：许多诗人还把这些名山用诗句表达了出来，比如这句诗——

生齐：会当凌绝顶，一览众山小。

师：知道这写的是哪座名山吗？

生：泰山。

（师出示泰山图片，生再读诗句。）

师：我们陕西也有一座名山。（出示华山图。）谁爬过华山？华山给你什么感觉？

生：我爬过华山，感觉特别害怕，华山很高、很险。

师：华山有多高呢？我们来读读这句诗——

生齐：举头红日近，回首白云低。

师：闭上眼睛，想着华山高耸入云的样子，让我们把自己感受到的"高"读出来。

（生再次朗读，声音逐渐增大。）

师：我们再来看看这幅图片，这是一位画家画出来的山，会是什么山呢？

生：应该是天门山。

师：你猜对了。大家看图片上的这座山很有意思，中间给分开了，就像是被推开的门一样，所以它的名字叫作天门山。今天我们就来学习《古诗三首》，第一首就是《望天门山》。（师板书课题。）

## 二、初读古诗，了解天门山

师：著名诗人李白会怎样写出自己所看到的天门山，会怎样写出天门山的雄壮呢？让我们来读一读《望天门山》这首诗吧！请同学们自己读自己的，注意把字音读准，句子读通顺。

（生自主练习读这首诗。）

师：王老师要特别表扬这位小男生，别人都停下来时，他坚持把自己没有读完的读完了。这位同学，你能不能把这首诗读给大家听听？看着课本，别着急！

（该生流畅地读完了整首诗，赢得了大家的掌声。）

师：朗读古诗，我们要特别注意读好节奏，注意停顿。王老师还要教给大家一个方法，那就是声断气不断，听，就是这样读——

（师示范后生练习朗读，师巡视指导。）

师：真不错！这首诗我们已经读了很多遍了，我相信同学们一定留意到了，题目中有一个"望"字，谁知道"望"是什么意思？

生：就是看。

师：这位同学，请起立，咱们俩面对面，能不能说你在望着我？为什么？

生：不能，因为咱们俩离得太近了。"望"应该是远看的意思。

师：非常好，看看教室的窗外，你望到了什么？

生1：我望到了远处的高楼。

生2：我望到了天上的太阳。

生3：我望到了远处的大树。

师：刚刚读了这首诗，谁来说说看，诗人李白望到了什么？

生4：李白望到了天门山。

生5：他还望到了楚江。

师：对啊，李白望到了天门山，也望到了楚江。"楚"是我们今天要学习的生字，跟老师一起写，注意左上方的"木"最后一笔是点，"楚"的下半部分的第一笔是横钩。大家拿起笔，试着写一写这个字。

（生练习书写。）

师："楚"字大家写得挺不错的。诗中说到了楚江，你们知道是哪里吗？

生：就是长江，长江非常辽阔。注释中说因为流经了楚国，所以那一部分就叫楚江。

师：非常好，看注释是一种有效的学习古诗的方法。谁能根据课后的注释，给大家介绍一下天门山？

生：天安门是今安徽东梁山和西梁山的合称。东梁山在今芜湖市，西梁山在今马鞍山市，两山隔江相对，像天然的门户。

师：哦，原来天门山是两座山，它俩像两扇门一样。刚刚我们说了，天门山特别雄壮，楚江水非常辽阔，你觉得它俩在一起，谁更厉害一些？

生1：天门山厉害。

生2：楚江厉害。

师：有人说天门山厉害，有人说楚江厉害，为什么呢？

生3：楚江厉害，因为诗中写道："天门中断楚江开。"是楚江把天门山断开的。

生4：我觉得天门山厉害，你看："碧水东流至此回。"水被山挡住了，水就流走了。

### 三、精读深思，品味诗的韵味

1. 抓"回"字，感受天门山的雄壮。

师：同学们，我们聚焦这行诗，关注这个字——回。"碧水东流至此回"的"回"在字典中有三个解释：①回旋；②回转，改变方向；③返回。请你联系诗句想一想，这里的"回"应当选择哪一个义项？

生1：选第三个。

生2：我觉得应该选第二个。你看，长江水一直要往大海里流，流到这里之后就流不过去了，改变了方向，所以应当选第二个。

师：非常好，你的回答有理有据，值得表扬！大家想想看，这长江水浩浩荡荡，江面那么辽阔，水那么深，可是遇到了天门山居然也得改变方向继续流。你觉得这个天门山怎么样？

生：天门山很高大、很雄壮。

师：就是这么雄伟的山，让江水改变了方向。让我们一起来读读这个句子。

生齐：碧水东流至此回。

师：同学们，诗中的哪一句让你感受到了楚江的厉害？

生：天门中断楚江开。天门山虽然雄壮，还不一样被楚江水断开了？

师：说得有道理。大家看这个"断"字，是本课要求书写的一个生字，该怎样写呢？谁来给大家提醒提醒？

生1：要先写"米"，再写竖折，笔顺不能写错了。

生2：左半部分占的是中上格，右边的"斤"第一笔是横撇，第二笔是竖撇，这两个撇的写法是不一样的。

师：看老师来写一写，大家也来练习练习。

（师范写后生练习，师巡视，肯定写字姿势好的生，相机点评生的书写。）

师：天门中断楚江开。这天门山多么雄壮啊！到底是谁这么厉害，竟然把天门山给分开了？

生：楚江。

师：你能想到一个什么词来形容楚江？

生1：奔流不息。

生2：波涛汹涌。

生3：浩浩荡荡。

师：浩浩荡荡的江水将天门山给断开了，想想这陡峭的悬崖，想想这奔流不息的江水，谁再来读一读第一行诗？

（多生朗读诗句，师点评指导。）

师：碧水东流至此回。浩浩荡荡的江水遇到天门山不得不转弯，看来这天门山怎么样？你想到了什么词语来形容天门山？

生4：雄壮的天门山。

生5：险峻的天门山。

师：想想这雄壮的、险峻的天门山，想想它的山势，该怎么读这行诗呢？

（多生朗读诗句，师点评指导。）

师：当我说楚江水厉害时，你可以读——

生：天门中断楚江开。

师：当我说天门山厉害时，你可以读——

生：碧水东流至此回。

师：当我说天门山和楚江水都很厉害时，你可以读——

生：天门中断楚江开，碧水东流至此回。

2. 扣"碧"字，感悟楚江水的浩瀚。

师：读着诗句，你看到长江水的颜色了吗？

生：是绿的，这里有一个"碧"字，就是绿色的意思。

师：根据大家的经验，一般一个地方的水是绿色的，可能会——

（生沉默。）

师：宋代朱熹在一首诗中写道："半亩方塘一鉴开，天光云影共徘徊。问渠那得清如许？为有源头活水来。"这清清的水是哪里的？

生：是水渠里的。

师：水渠里的水是清清的，山泉中的水也是清清的，它们都很浅。可是《望天门山》一诗中写道："碧水东流至此回。"这水一定——

生：很深。江水很深，所以看上去才是绿的。

91

师：（出示江面图。）看着这个江面，往下看，能看到江底吗？

生：看不到，江水很深。水太深，所以才会显现出绿色。

师：李白曾经用这样的诗句描写这浩浩荡荡的江水——

生齐：碧水浩浩云茫茫。

师：今天我们学的诗句里这样写道——

生：碧水东流至此回。

师：这首诗写得很妙，既让我们感受到天门山的雄壮，又让我们感受到楚江水的壮阔。来，我们再来读一读这两行诗。

（生齐读诗句。）

3. 辩"出"字，体会天门山的高大。

师：诗人李白可真厉害！他的诗写得真好，他还被称作——

生：诗仙。

师：李白不愧为诗仙，这首诗写得太好了！这山和水是相融合的，山让水显得更浩荡了，水让山显得更雄壮了。但是我却发现诗仙李白犯下了一个错误，你说山会动吗？

生：不会。

师：可是李白却说："两岸青山相对出。"山怎么会出来呢？山明明不会动，我觉得应该改为："两岸青山相对立。"山不会动，就应该立在那儿。同意王老师的请举手。你们可不要因为他是诗仙就盲目崇拜他！

生：我还是同意"两岸青山相对出"。

师：盲目崇拜！明明山是不会动的，"两岸青山相对立"才对啊！你看这座山，它会跑到你家来串门吗？（生哄堂大笑。）不可能！也不要以为编在课本里就什么都是对的。同意我的请举手。如果不同意，那就请你说说你的理由！

生1："两岸青山相对立"就写不出山的高，"两岸青山相对出"就显得别的山比较矮，而天门山高出来了。

生2：对，好像这山是冒出来的，很高。

师：我觉得还是没有把我给说服。我得提醒大家了，我们在读诗句的时候，不能只读一行，还可以读读下一行诗。

（生将两行诗连起来读：两岸青山相对出，孤帆一片日边来。）

生1：我知道了，因为船在动就显得山好像也在动，所以说"两岸青山相对出"。

生2：哦，对，我也这样想，孤帆驶来了，所以感觉到山好像也在动。

师：我明白了，我们之所以感觉到两岸青山相对出，是因为——

生齐：孤帆一片日边来。

师：正是因为孤帆一片日边来，才让我们感觉到——

生齐：两岸青山相对出。

师：这个"出"字是有温度的，有情感的。让我们联系生活来想一想，你们家来过客人吧？客人来时你们会怎么做？

生：我会去迎接，有时候还会下楼去迎接客人。

师：这时候客人会有什么感受？

生：客人会觉得我们很热情，感觉很温暖。

师：是啊，诗中的李白应该也有这种感受，因为——

生：李白就像是客人，从远处来了，这两岸青山就像是主人似的，看到有客人来了赶快出来迎接，李白会觉得温暖。

师：我们再来看看相关资料，谁来读给大家听？

生：唐玄宗开元十三年，25岁的李白怀着济世安民的雄心壮志第一次离开四川前去洞庭湖游览，接着又兴致勃勃乘舟顺江而东，在经过安徽省芜湖市北郊的东西梁山时写下了《望天门山》这首诗。

师：此时的李白25岁，先去了洞庭湖游览，接着又来到了天门山游览。天门山，你可是主人，你看到了一个小伙子，游览了一处景物，又到你这儿游览，你会怎么迎接他，招呼他啊？

生1：我这里的景色是最好的！你赶快来欣赏吧！

生2：你一路辛苦了，接下来就尽情地欣赏美景吧！

师：同学们，25岁的李白，他不光要去欣赏美景，年轻的他是怀着雄心壮志来到这里的。天门山，你作为主人，看到一个满怀抱负，有着雄心壮志、想实现自己理想的年轻人来，你张开了双臂想要欢迎他，你会怎样鼓励他？

生1：我希望你能实现你的梦想！

生2：加油，不断努力，你一定会成功的！

4. 品"日"字，体味古诗的内涵。

师：同学们，最后一行诗中也有一个字会让我们感受到温暖，感受到希望，你觉得是哪个字？

生："日边来"的"日"字。

师：就是这轮红日。想想看，有了这红日照耀，江水都变得更美了，就像这句诗所写的——

生：半江瑟瑟半江红。

师：有了这红日的照耀，天门山仿佛镶上了金边，我相信天门山会更美。有了这日光的照耀，李白的心里一定是温暖的，他一定会感受到希望。不只是李白，还有一位诗人在他的诗里也写到了这个重要的景物——日，来表现自己的雄心壮志，表达他想实现愿望的心情，我们一起来读读这首诗。

生读：飞来峰上千寻塔，闻说鸡鸣见日升。不畏浮云遮望眼，只缘身在最高层。

师：王安石30岁时满怀抱负，想去报效祖国，实现自己的愿望，于是就写下了这首诗。我们看看这行诗："闻说鸡鸣见日升。"看到太阳升起，他就好像看到了自己在不断成长，仿佛自己的理想也在慢慢实现。这个"日"，让我们感觉到了温暖，感受到了力量，看到了希望。我们再来读一读李白的这两行诗。

生：两岸青山相对出，孤帆一片日边来。

师：同学们，就在最后一行诗里还有一个很重要的景物，作者写它也是独具匠心的。

生：孤帆。

师：我们学过一首诗，里面也出现过"孤帆"，还记得吗？

生：孤帆远影碧空尽。

师：同学们，你们看，在辽阔的江面上，正是因为有了这孤帆，才让我们感受到江面特别辽阔。

生1：我知道了，因为有了孤帆江面更辽阔了。

生2：因为有了孤帆，天门山也显得更加高大、雄伟。

师：说得非常好！下面，我们来写一写这个词：孤帆。大家都来观察观察，这两个字都是什么结构？

生3：是左右结构的。

生4：而且是左窄右宽的。

（师指导书写"孤帆"两个字，强调这两个字不能漏写了点。生练习。）

师：当孤帆和天门山形成对比，和楚江形成对比时，天门山和楚江就显得更加壮美了。同学们，现在我们一起来读一读这首诗。

（生朗读这首诗，并尝试着背诵这首诗。）

师：这节课大家的表现非常出色，相信通过这节课的学习，同学们一定不只感受到了天门山的雄壮、楚江水的浩荡，还感悟到了诗人写天门山的方法。就要下课了，王老师要留给大家作业：正确规范地书写生字，默写《望天门山》这首诗，同时，注意积累更多的描写祖国山河的诗文，感受祖国山河的壮美。下课。

## 📑 深度评析

统编版小学语文教材中古诗教学的篇目较之原来大幅度增加。6个年级12册教材一共选了112篇古诗词，平均每个年级18篇左右，平均每个学期9篇。三年级上册编排了《古诗三首》课文两篇，共有6首古诗。除了课文，《语文园地》里面也编了3首古诗，加起来共有9首。古诗怎么教好？我想通过王老师的这堂课来做一些深入的探讨。

第一，我们一起解读语文课程标准里小学三个学段古诗教学的目标。

第一学段目标，要求诵读儿歌、浅近的古诗，并展开想象，获得初步的情感体验，感受语言的优美，背诵优秀古诗文50篇（段）。

第二学段要求诵读优秀诗文，注意在诵读过程中体验情感，展开想象，领悟诗文大意。背诵优秀诗文50篇（段）。

第三学段要求诵读优秀诗文，注意通过语调、韵律、节奏等体味作品的内容和情感。背诵优秀诗文60篇（段）。

解读三个学段古诗教学目标，我们要注意以下几个要点：一是学习古诗要强调诵读和背诵，无论是对低年级还是中高年级都强调诵读、背诵；二是结合诵读展开想象，体验情感，理解大意；三是古诗教学中要让学生感受语言的优美。从课程标准的目标可以发现，诵读是第一位的，展开想象，理解大意，体会情感都要结合学生的诵读。三个学段对古诗理解的目标要求是逐步提高的。第一学段提出"感受语言的优美"，第二学段提出"领悟大意"，第三学段才提出"体味语调、韵律、节奏及古诗词的内容和情感"。老师们请注意，对古诗语调、韵律、节奏的体味是第三学段才明确提出的，所以正确把握课程目标对古诗词理解的要求，不要随意拔高。语文教材中古诗词课文也是学生识字、写字的载体，有识字、写字的任务，课文后面列出要求认识的字和要求写的字必须落实到位。

第二，我们讨论古诗词教学的方法。温儒敏教授曾经说过："怎样教好古诗文的课？最好的办法就是反复诵读，读得滚瓜烂熟，不用有过多的阐释，也不要太多的活动，宁可多读几遍，多读几篇。"温教授是统编版小学语文教材总主编，他对小学的古诗词教学提出的这个观点其实很重要。从大学教师的视角看，小学古诗词教学理解方面的要求不宜太高。首先要强调的是让学生多读，让学生自己反复读，读懂古诗，让学生自己读懂，而不是在教师的分析下懂得。在朗读中让学生通过想象再现古诗的画面，想象画面可以帮助学生理解古诗大意，体会诗歌的情感。其次是通过朗读让学生体会古诗的语言美，比如音韵、节奏及一些表达手法。其实对古诗的写作方法或表现手法，即使教师讲得很清楚，学生也不一定理解，最好的办法还是让学生自己去朗读、去感受。学生读熟了就能够感受到其中的语言美，这是一种感性的积淀，不是理性的认识。真正理解古诗可能是到学生读中学、读大学的时候，学生需要用一辈子去琢磨、去体会，才能逐步理解。所以古诗的语言美、音韵美，不是教师讲了学生就能体会到的，最好的办法是让学生多读，读的过程中自己去感悟、去体会。读多了，读熟了，读得朗朗上口了，能够脱口而出了，古诗优美的语言就"印"在学生的骨子里了，就变成学生的语言了。所以古诗教学最好的方法不是教师讲，而是学生自己读。

这堂课王老师很重视引导学生读古诗。一开始学生自由读诗句，读好以后大家交流读。我统计了一下，读一首古诗，快一点大概只要 15 秒，最慢的齐读大概需要 20 秒，时间很短。这堂课王老师采用男生读、女生读、个别读、齐读等形式，学生至少读了 8 遍。理解诗意之后，又让学生把整首古诗读了 6 遍。整堂课学生读了十几遍古诗。一堂课能够有十几次甚至是二十几次的朗读，看起来数量不少。其实和古人相比，可能还远远不够。古人讲究"书读百遍"，每首诗真的是读一百遍，读到熟练地背诵为止。通过朗读可以培养学生的想象能力，让学生感悟优美的语言，获得审美的体验。小学教材中选的诗歌内容都比较浅显，像《望天门山》，学生理解难度不大。

第三，我们讨论一下 40 分钟一节课学一首古诗如何安排教学。比如《望天门山》，要上满 40 分钟，对教师来说也是很大的挑战，不可能让学生朗读40 分钟，这不现实。那么怎么适当安排整堂课的教学内容？我听过很多教师教学诗歌，有些从古诗的内容以及写作艺术、写作手法等方面进行纵向发掘，有些从古诗的横向知识方面去延伸、去扩展，讲很多背景知识、作者介绍。这样安排古诗教学内容是否合理？

我们一起来分析、讨论王老师这堂课扩展的一些内容。这堂课王老师在古诗语言上做了比较深的挖掘，试图加深学生对古诗意义的理解。比如王老师抓了"碧水东流至此回"这句诗。长江水原来是从西往东流的，过了天门山以后，因为地形的关系，江水突然往北流了，所以是"碧水东流至此回"。王老师抓住"碧"，解释"碧"是绿，理解为水很"深"；还引用"问渠那得清如许？为有源头活水来"这两句诗来解释，因为是活水，所以就"渠清"。其实这样理解不一定合理，许多公园的湖水不是活水，但也是绿的；长江到了下游水很深，但水是黄的。将"碧水"解释为活水、水深，其实多此一举，有些想当然。

还有，王老师抓了第三句中的"出"字，认为这是个关键字，引导学生深度理解。这是否合理也值得讨论。"出"到底怎么解释？"相对出"形容天门山很突兀，冒了出来，把"出"解释成天门山"出来迎接"客人，读者这样想象当然也有道理，但这样一解释就变成了诗人的原意，坐实了反而会觉得牵强。

第四句"孤帆一片日边来"，王老师抓了"日"字，引用王安石《登飞来峰》中的"闻说鸡鸣见日升"来做比较，让学生体会诗人不断进取的志向。

李白和王安石分别身处唐朝和宋朝。王安石做过宰相，是诗人也是政治家，所以两位诗人的进取精神是大相径庭的，不能这样简单地用王安石的诗去类比。这个"日"字到底怎么去体会、去解释，可以有不同的理解。王老师自己钻研教材，挖掘诗里的一些含义，有一些自己的体会和感想当然无可厚非，但是这样字字落实、对号入座，其实很容易出错。

古人说"诗无达诂""不求甚解"，就是古诗教学目标中所指的理解大意。古诗教学中教师往往花很多时间引导学生深入理解一些关键词，其实学生不一定能理解。特别是一些哲理诗（宋朝的诗多为哲理诗），对三年级学生来说实在不易理解。

教这类古诗，要求学生读熟背出来好像用不了 40 分钟，那么余下的时间干什么？其实最好的办法是让学生多扩展，多读一些古诗。古诗积累越多，学生的理解也会越深。古诗的积累量也反映个人的人文素养。如果一个人只读过几首古诗，即使再去讲也讲不出它的意境，理解不出诗的微言大义。王老师备课时设计的最后一个板块是扩展诗句，出示了李白、王之涣、王维等诗人的佳句，如"白日依山尽，黄河入海流""大漠孤烟直，长河落日圆""黄河远上白云间，一片孤城万仞山""黄河之水天上来，奔流到海不复回"。扩展这些诗句反而比教师深度挖掘诗意要来的有效。对学生来说，深入理解《望天门山》这首诗的内在含义，和再去读几首李白的诗，或者王维等其他诗人写的一些山水诗相比，哪一个价值更高？答案不言而喻。我记得霍懋征老师教《望庐山瀑布》这一课时，教这首诗花的时间很少，接下来就让学生读了 7 首李白的写景诗。整堂课上得非常饱满。扩展学生古诗积累，从山水诗或者从李白的写景诗这个角度去教，鼓励学生积累更多的脍炙人口的唐诗，对提高学生古诗阅读理解能力的作用也是不可低估的，当然人文价值更高。

一堂课 40 分钟到底教什么？除了这首诗，我提议：其一是多花点时间让学生去背诵，除了《望天门山》，还可以背诵扩展的李白、王维、王昌龄的诗，多背一首是一首；第二是重视识字写字，特别是中、低年级，留出 10 分钟让学生写字。《望天门山》这首诗要求会写 6 个字，花些时间指导学生写好这些字是这堂课必须完成的基本任务。

# 用好相关资料　体会爱国情怀

## ——五年级上册《示儿》教学实录及深度评析

### 一、导入新课，渗透爱国之情

1. 借助资料，了解陆游生平。

师：同学们，课前听大家背了好多诗，大家的积累可真丰富！我来考考大家，我出诗的上半句，看看谁能说出下半句。山重水复疑无路——

生：柳暗花明又一村。

师：请你完整地读一遍。

生：山重水复疑无路，柳暗花明又一村。

师：非常棒！我们一起把这首诗完整地读一遍。

（课件出示《游山西村》，生齐读。）

师：再考大家一个：纸上得来终觉浅——

生：绝知此事要躬行。

师：大家的声音响亮，吐字清晰。我们一起把这首诗读一读。

（课件出示《冬夜读书示子聿》，生齐读。）

师：在诗题中的"子聿"，你知道是谁吗？

生：陆游的儿子。

师：你知道陆游一共有几个儿子吗？咱们一起看一看这段资料。

| 课件出示 |

　　子聿是陆游的第六个儿子，他的哥哥有：陆子虞、陆子龙、陆子修、陆子坦、陆子布。

　　生：我知道了，陆游有六个儿子。他们的名字很特别，都带有"子"，子聿是第六个儿子。他的哥哥分别是陆子虞、陆子龙、陆子修、陆子坦、陆子布。

　　师：非常好！刚刚我们读的这两首诗，作者都是陆游。有没有人了解陆游？

　　生1：他是一个诗人，也是一个政治家。

　　生2：他怀才不遇，满腔爱国情怀却不被朝廷重用。

　　师：你知道的真多！我们看一下陆游的简介，我请一位同学读给大家听。

　　生：陆游（1125年—1210年），汉族，南宋文学家、史学家、爱国诗人。陆游生逢北宋灭亡之际，一生笔耕不辍，诗词文具有很高成就，饱含爱国热情，对后世影响深远。

　　师：什么都好，就是有一个字读错了，谁来纠错？

　　生：笔耕不辍，这个"辍"字读 chuò，不读 zhuì。

　　（师强调"辍"的读音，并领读，请出错的同学再读。）

　　师：大家都记住这个诗人的名字了，我把他的名字写在这里，（师板书：陆游。）我们再来读一读他的名字——

　　生齐：陆游。

　　2. 链接诗句，感受爱国之情。

　　师：陆游是一个爱国诗人，让我们记住他的生平，他出生于——

　　生：1125年。

　　师：离世于——

　　生：1210年。

　　（师在"陆游"后面板书：1125年—1210年。）

　　师：陆游一生写过的爱国诗特别多，比如下面这首。（课件出示：《十一月四日风雨大作》。）这首诗写于1192年，算一算当时陆游多大年龄了？

（生齐：67岁。）

师：67岁的陆游即便是穷居孤村，躺卧不起，想的依然是保卫边疆。一起读——

生齐：僵卧孤村不自哀，尚思为国戍轮台。

师：夜深了，即便是做梦，67岁的陆游梦到的都是征战沙场。一起读——

生齐：夜阑卧听风吹雨，铁马冰河入梦来。

师：除了这首诗，1192年陆游还写下了这首诗。

（课件出示：《秋夜将晓出篱门迎凉有感》。）

师：67岁高龄的陆游过着平静的乡村生活，但心里依然想着金人统治下的中原地区的人民。一起读——

生齐：遗民泪尽胡尘里，南望王师又一年。

3. 查看注释，感知诗题大意。

师：这位爱国诗人无论什么时候，无论身处何处，他的心里装的都是祖国的人民。这就是陆游，爱国诗人陆游。今天我们再来学习一首他的爱国诗——《示儿》。

（师板书课题，生齐读课题。）

师：谁知道这首诗的题目是什么意思？我看好多同学不假思索地就举起了手。来，你告诉大家。

生：是写给自己的儿子的意思。

师：说说你是怎么知道的？

生：看注释，注释里面写了，"示儿"就是给儿子看。

师：请坐，你特别会学习。王老师还要告诉大家，这首诗写于1210年，当我说到1210年时，你发现了什么？

生：是陆游去世的那一年。

师：是啊，这首诗就写于那个时候，这是他的绝笔。即使是临终前他想到的依然是祖国，就是这样一位爱国诗人，他的名字就叫——

生齐：陆游。

### 二、初读感知，了解诗句大意

师：他写这首诗到底想告诉儿子们什么呢？请同学们打开书，自己先来读一读这首诗。

（生自己练读这首诗，师巡视指导。）

师：我相信这首诗很多同学已经会读了，谁来读给大家听一听？

（师指名个别生读诗，正音。）

师：刚刚大家在练读的时候，我发现有两个男生读得特别好，我请他们读给大家听听，供大家学习。

（二生先后进行朗读。）

师：掌声送给他们！带着自己的理解朗读，这样的朗读才能打动人。同学们，学古诗会看注释特别重要，有些字词的意思一看注释立刻就明白了。接下来我问到的这些字的意思，我相信你们每个人都可以立刻说出来。这首诗里边有一个通假字，是哪个？

生：是"元"，通原来的"原"，是"本来"的意思。

师：回答得多迅速。再来一个，"王师"是什么意思？

生：南宋朝廷的军队。

师：看注释就可以秒答。再来一个，"九州"什么意思啊？

生：古代指"全国"的意思。

师："九州同"呢？

生：全国统一。

师：会看注释多好，我们一下就理解了不懂的词语。"乃翁"是什么意思？

生：你们的父亲。

师：同学们，这个"乃"字是这一课的生字，谁能结合注释说说它的意思？

生：应该是"你们的"或"你的"的意思。

师：对。大家想一想，"乃翁"是你们的父亲的意思，"乃兄"大概会是什么意思？

生："你的哥哥"或"你的兄弟"的意思。

师：那"乃郎"呢？

生：别人家的孩子。

师："乃公"指谁？

生1：你的公公。

生2：你的老公。

（众生大笑。）

师：我来告诉大家，"乃公"的意思是你老子，听起来好像不太礼貌。同学们，我们再看这个字。（课件出示：）大家看，一块肉被放到了一个台子上，猜猜这是哪个字？

生：祭，一般祭奠时要供奉一些祭品，就放在一个台子上。

师：非常好，你说得很对。大家看这个"祭"字，左上就是"月"的变形，代表的是"肉"，右上是"手"的形状，底下是一个台子，这个字读作"祭"。（师边板书边分析字形。）这个字其实我们是很熟悉的，来，我们看看这些场景。

（课件出示：同学们在烈士陵园祭英烈图片、黄帝陵公祭图片，学生读活动主题，巩固生字"祭"。）

师：我们再来看这张图片。

（课件出示：家庭祭祀活动图片，引导学生理解"家祭"的意思。）

师：其实，有很多字跟我们的生活都是有关联的，只要我们联系生活就能更好地识记它、理解它。让我们再次读一读这首诗，注意把所有字音都读准确。

（生再读古诗。）


### 三、借助资料，感受爱国情怀

1. 紧扣"万"字，学习第一行诗。

师：我们来看第一行诗：死去元知万事空。这里出现了一个"万"字，你们想到了哪些带有"万"字的诗句？

生1：窗含西岭千秋雪，门泊东吴万里船。

生2：千山鸟飞绝，万径人踪灭。

生3：黄四娘家花满蹊，千朵万朵压枝低。

生4：春种一粒粟，秋收万颗子。

师：非常好，王老师也搜集了一些，我们来读一读。

生齐：两岸猿声啼不住，轻舟已过万重山。——［唐］李白《早发白帝城》

等闲识得东风面，万紫千红总是春。——［宋］朱熹《春日》

千门万户曈曈日，总把新桃换旧符。——［宋］王安石《元日》

师："万"字表示什么意思？

生：数量特别多。

师："死去元知万事空"，想一想，一个人去世了，他的什么没有了？

生1：他的肉体没有了。

生2：他的记忆没有了。

生3：他的官位没有了。

生4：他的钱财带不走，也没有了。

2. 借助资料，学习第二行诗。

师：是啊，无论当多么大的官，无论有多少财富，离世时都是没有办法带走的。陆游是知道这一点的，因此他不会为此而悲伤。那他在临死之前"悲"的是什么呢？

生：他"悲"的是看不见国家的统一。

师：陆游就是这样一个爱国诗人，临终前他不为自己而感到悲伤，他悲伤的是国家。咱们来看一看这段资料。

| 课件出示 |

30岁时，陆游的仕途"拦路虎"秦桧去世，陆游终于步入仕途。得主战派皇帝宋孝宗赏识，赐为进士。

40 岁时，因为陆游性格太直，数次惹怒孝宗，最终被罢免所有官职。

44 岁时，陆游重新被启用，先后从军、从政，但不论什么职务，始终不忘北伐。

54 岁时，陆游被弹劾辞官。

61 岁时，陆游再次被启用，痴心不改的他依然不忘北伐收复中原。

65 岁时，陆游再次被朝廷以"喜论恢复""不合时宜"为由罢官。

77 岁时，陆游被朝廷安排主持修史。

79 岁时，陆游完成修史后正式退休返乡，但依然念念不忘北伐，给辛弃疾写诗勉励他早日实现复国大计。

师：大家看了这些资料，有什么发现？

生1：陆游一生都在操心一件事，就是北伐，就是实现复国大计。

生2：从 30 岁到 79 岁，近 50 年的时间里，他都想着收复中原。

生3：这段资料里面写了陆游先后四次被罢官，但他始终不忘为北伐而努力。

师：是啊，这就是陆游，一生都想着收复中原，完成复国大计。临终前，他依然没能看到中原收复，他一定会很伤悲。让我们再读诗句。

生齐：但悲不见九州同。

3. 链接诗文，学习第三、四行诗。

师：同学们，这首诗的后两行出现了一个词"王师"，前面我们已经看过注释，知道了"王师"就是——

生：南宋朝廷的军队。

师："王师北定中原日"，"王师"到底在什么地方？为什么要说是"北定"呢？来，咱们看一张地图，在这张地图上，你有没有找到"宋"？

（课件出示南宋时期的地图，引导生找到"宋"以及"金"的位置。）

师：南宋就在现在的江浙一带，都城临安就是现在的浙江杭州，"王师"就在这里，要收复的被金人占领的中原地区就在这里，现在你有没有明白为什么是"北定中原"？

生：明白了，在地图上是上北下南，朝廷的军队在临安，只有北上才能到达金人统治的中原，所以说是"北定中原"。

师：一开始上课的时候，我们还读了一首陆游的爱国诗《秋夜将晓出篱门迎凉有感》，还记得吗？我们再来读一读。

（课件出示《秋夜将晓出篱门迎凉有感》，生齐读。）

师：刚刚不是"北定中原"吗？这里为什么又说"南望王师"？

生：因为"王师"在南边，去往中原收复失地就是要向北，所以说是"北定中原"。而这首诗是从中原地区人民的角度来写的，他们盼望着南宋朝廷的军队来救他们，他们在北边，朝廷的军队在南边，所以就是"南望王师"。

师：你表达得特别清楚，现在咱们再来读读这首诗。

（生齐读《秋夜将晓出篱门迎凉有感》。）

师：这首诗是陆游67岁时所作，这时的他依然希望国家统一。金人统治下的老百姓"泪尽胡尘里""南望王师又一年"。想一想，陆游是67岁写的这首诗，他"南望王师"会有多少年？可能你不好回答，王老师给大家提供一些资料。

| 课件出示 |

陆游（1125年—1210年），汉族，南宋文学家、史学家、爱国诗人。

南宋（1127年—1279年），是宋朝第二个时期，因以临安（今浙江杭州）为都城，史称南宋。

生：65年。

师：65年啊，一年又一年，就这样过去了，国家统一了吗？

生齐：没有！

师：60多年过去了，遗民依然没有盼到王师收复失地，他们会盼到吗？我们再读读下面这首诗，看看你们有什么发现。

---

**┃ 课件出示 ┃**

题临安邸

［宋］林升

山外青山楼外楼，西湖歌舞几时休？

暖风熏得游人醉，直把杭州作汴州。

---

（课件出示本课的第二首诗《题临安邸》，生自由读。）

师：这首诗的作者是谁？

生：林升。

师：大家看一看林升的简介，你们发现了什么？

---

**┃ 课件出示 ┃**

林升：（1123年—1189年），南宋诗人。

陆游：（1125年—1210年），汉族，南宋文学家、史学家、爱国诗人。

---

生：林升比陆游早两年出生，说明他们是同一个时代的人。

师：是的，他们俩都经历过了战乱，都希望国家能够统一。但是，当时想要国家统一很不容易，到底是为什么呢？我们请一位同学再来读读林升的《题临安邸》，大家边听边思考，看看有什么发现。

（一生朗读这首诗，其他人边听边思考。）

师：听了这位同学的朗读，我突然有一个疑惑，他们明明生活在同一个时代，但发生的事情似乎不太一样啊。刚刚我们读《秋夜将晓出篱门迎凉有感》读到的是"泪尽胡尘里"，读到的是"南望王师又一年"，读到的是急切地盼望祖国的统一，读到的是社会的动荡不安、兵荒马乱，但是读《题临安邸》这首诗，感觉好像——

生：感觉他们很悠闲，很安乐。

师：你从哪儿看出来的？

生："西湖歌舞几时休"可以看出他们是在享受美景，享受歌舞。

师：问题来了，明明是同一个时代，为什么刚刚看到的是"遗民泪尽胡尘里"，而这里却是"暖风熏得游人醉"？是一个时代吗？怎么回事？

生：我觉得这些人天天在享乐，没有人像陆游、林升那样关心老百姓。

师：他说到一个特别重要的词——这些人。指的是什么人？

生：我觉得应该是南宋朝廷的那些官员们、将士们，还有皇帝，他们只知道花天酒地尽情享乐，没人想着去收复失地，拯救遗民。

师：现在想想看，刚才不是说"王师北定中原日"吗，你觉得这个"日"能到来吗？

生：我觉得很难到来，因为朝廷官员腐败无为，只顾享乐，从不关心国家的命运、人民的生死。他们不仅不去抗金，而且还杀害了抗金的英雄。

师：说得很好。我明白了，看来这里的"王师北定中原日"的"日"不那么容易到来，好像是一个遥遥无期的日子，就像刚刚那首诗里写到的"遗民泪尽胡尘里，南望王师又一年"，一年、五年、十年……那么多年过去，估计依然没有这样一个北定中原之日，因为"王师"只懂得享乐。我们再来读读这首诗。

（生齐读《示儿》。）

师："王师北定中原日"看来真的是遥遥无期！我们来看一段资料。

| 课件出示 |

> 南宋也多次发动了北伐战争，分别是 1163 年的"隆兴北伐"，还有 1206 年的"开禧北伐"，以及 1234 年的"端平入洛"，但是最终都失败了。
>
> 陆游（1125 年—1210 年），汉族，南宋文学家、史学家、爱国诗人。

师：大家算一算，"隆兴北伐"时，也就是 1163 年，当时的陆游是多大年纪？

生：38 岁。

师：1206 年"开禧北伐"时，陆游多大年纪？

生：81 岁。

师：这时候中原收复了吗？

生：没有，还是以失败告终。

师：1210 年，直到陆游去世，依然没能看到国家统一，甚至到了 1234 年，陆游去世 24 年后，"端平入洛"依然以失败告终，失地依然没能收复。再读这首诗中的"王师北定中原日"时，突然有那么一点伤感。陆游一生都希望收复失地，祖国统一。从年轻，到年老，到去世，甚至去世后若干年，都没能等到失地收复的消息，就连"家祭无忘告乃翁"的愿望都很难实现。让我们再来读读这首诗，感受陆游的悲伤以及他一生心系祖国的爱国情怀。

（生再读这首诗。）

师：我们应该记住这位爱国诗人——陆游，他一生的愿望虽然没能实现，但是我们真切地感受到了他深深的爱国情怀。让我们记住这首诗。

（生练习背诵《示儿》后，师指名进行背诵。）

### 四、对比阅读，升华爱国之情

师：要想真正领会这首诗的情感，我们要学会对比着读，你觉得这首《示儿》可以跟哪首诗形成对比来读？

生：我觉得可以和《题临安邸》对比读。

师：一边是爱国志士，盼望祖国统一；而另外一边却是朝廷官员饮酒享乐。我请两位同学来读。

（指名生两两对比朗读，再请男生、女生对比读。）

师：你们看这样对比着读，我们就能更好地体会陆游的爱国之情了。你觉得这首《示儿》还可以跟哪首诗放在一起来读？

生：刚刚我们读到的《秋夜将晓出篱门迎凉有感》。

（指名生对比朗读这两首诗，体会爱国之情。）

师：陆游不止写过爱国诗，他还写过很多词，也表达着爱国之情，我们来看看这一首。

┌─────────────────────────────────────────┐

| 课件出示 |

诉衷情

［宋］陆游

当年万里觅封侯，匹马戍梁州。

关河梦断何处，尘暗旧貂裘。

胡未灭，鬓先秋，泪空流。

此生谁料，心在天山，身老沧洲。

└─────────────────────────────────────────┘

（生自己练读这首词。）

师：说说看，你从哪些地方感受到了陆游的爱国情怀？

生：我读到"胡未灭，鬓先秋，泪空流"时感受到了陆游强烈的爱国情怀。

师："胡未灭，鬓先秋，泪空流。"陆游一生都在想着收复失地，可终究愿望没有达成，只能含泪而终。来，我们一起来读。

生齐：胡未灭，鬓先秋，泪空流。此生谁料，心在天山，身老沧洲。

师：这位爱国诗人的诗和词无不向我们展现出了他希望国家统一，希望收复失地的心愿。他的一颗赤诚之心我们感受到了，让我们一起再来读一读这两句，再次感受陆游强烈的爱国之情。

生齐：胡未灭，鬓先秋，泪空流。此生谁料，心在天山，身老沧洲。

师：下课的时间到了，我希望同学们把这首词好好读一读，同时把这首《示儿》在背诵的基础上默写出来。今天的这节课我们就上到这里，下课。

## 深度评析

听了王林波老师上的五年级的古诗《示儿》，我想用一个词来概括自己的听课体会，那就是"精彩"。我平时很少用"精彩"来评价老师的课，可是这堂课我觉得确实上得"精彩"，体现出了一位特级教师、一位名师的教学风采！这节课应该可以作为语文老师研究古诗教学的优秀范例，我谈以下几点体会。

第一，正确把握古诗教学的要求。统编教材里古诗教学篇目大大增加，每个学期至少有两篇。正确把握古诗教学的目标，吃透年段要求显得非常重要。这堂课王老师对古诗教学的目标把握得非常准确。

首先抓了朗读和背诵。无论是低年级还是高年级，教学古诗都要求学生能够熟读、背诵，这是教学古诗的基本目标。

我统计了一下，一开始学生自读《题临安邸》《示儿》这两首诗，之后王老师请了四个同学朗读，然后是齐读，接下来王老师发现两个学生读得特别好，又请他们站起来再读。第一轮朗读加上开始的自读，学生读了八遍。第二轮朗读是在学完这首诗以后，王老师在学生背诵之前又让学生读，读的形式非常多样，设计非常巧妙，男生读、女生读、站起来读、反复读。王老师让两组同学分别读《题临安邸》《示儿》，分组对比读，再男女生对比读。王老师用各种方法激发学生的朗读兴趣。

王老师对学生朗读的评价也非常值得关注。第一轮四个同学朗读，王老师对第一个同学的评价是"流畅正确"，对第二个同学的评价是"有自己的节奏"，对第三个同学的评价是"非常好"。他对后来点名读的两个同学的评价是"读得特别好，请他们读给大家听听"，因此这两个同学站起来朗读时，努力想体现出自己读得"特别好"的样子，所以真的读得"特别好"。王老师的点评非常到位，对学生朗读积极性的激发很有用。这堂课前前后后加起来，学生至少朗读了二十遍。所以最后全体同学都能将诗背下来。

古诗要反复朗读，要读熟，要背诵，要做到人人都会背，这是基本要求。这堂课王老师从头到尾都非常重视朗读和背诵，通过各种方式让学生读得津津有味。

其次是对诗意的理解，只要求学生大致了解。无论是低年级还是中高年级，学生能够读懂古诗，大致了解诗意就可以了。王老师抓住了"元""王师""九州""乃翁""家祭"等词语，引导学生借助注释大致理解了诗意。

再次是适当指导古诗学习的方法。这堂课王老师教了学习古诗的两个方法。一个方法是根据注释来理解诗意，指导很得法，时间省，效率高；还有一个方法就是将两首诗合在一起诵读，能够相互映照，这样可以有效地理解两首诗的内容和诗人的感情。

教学古诗和教学其他课文一样，也承担着字词教学任务，老师一点儿也不能疏忽。课文中的一些生字、词语，包括要求会写的字，老师都应该仔细钻研，认真设计，扎实教学。我印象特别深的一个细节是，一位女生读资料里的一段话，"笔耕不辍"的"辍"读错了，王老师特意请另一位同学来纠正，再请这位女生正确读一遍，然后请全班同学读两遍。正音是汉字教学的重要内容，随时纠正学生的读音错误，反映了王老师的功底，也反映了王老师的教学机智。这堂课中的生字词语，如果王老师最后能够再让学生复习一下，留点时间让学生写写生字，那就更好了。这堂课的字词教学时间我认为可以适当增加些，甚至可以考虑让学生把这首诗当场默写下来，这样既检查了学生背诵情况，也是学生练习写字的好机会。

这是我的第一点体会，就是要正确把握古诗教学的要求。

第二，努力提高古诗教学的文化含量。学习古诗就是让学生接受传统文化。教学过程中如何进一步提升古诗学习中的文化含量，王老师在这方面动了很多脑筋，设计得非常精心。

王老师教学《示儿》这首诗花的时间比较多，有二十几分钟，《题临安邸》前后花了七八分钟。这样的处理非常合适，主次分明，重点突出。一般老师一节课只教一首诗，而王老师教了两首，教学容量提高一倍。不仅如此，王老师还带着学生扩展学习了陆游的另外四首诗，再加上最后的一首词，一节课里学了七首诗词。如果再加上课中间插入的带有"万"字的诗句扩展，学生背出和老师板书出示涉及的古诗有十来首。仅仅一节课时间，却有这么大的教学容量，而且整合得十分自然，真令人赞叹。

这堂课的导入环节非常精彩，前后大概不到六分钟，但文化含量极高。一开始王老师通过"山重水复疑无路""纸上得来终觉浅"两句脍炙人口的名句，提示学生补充完整，从而引出陆游《游山西村》《冬夜读书示子聿》两首诗，并通过投影打出，让全体同学读一读，背一背。每首诗花多少时间？《游山西村》不到一分钟，《冬夜读书示子聿》只有四十秒，一共不到两分钟时间，学生复习了陆游的两首诗。古诗学习就是让学生与古诗经常"见面"，强化学生记忆，让他们不断复习背诵。

接下来出示介绍陆游的资料，显示陆游有六个儿子。《冬夜读书示子聿》的子聿就是陆游其中的一个儿子。后面再介绍陆游的生平，他是政治家、文学家，也是爱国诗人。教师补充的《游山西村》《冬夜读书示子聿》两首诗以及提供的资料，为学生学习《示儿》这首诗做好了充分的情感铺垫和背景资料准备。

导入环节的五分四十秒时间，紧紧围绕诗人陆游，围绕着《示儿》这首诗，干货满满，文化含量很高，体现出王老师高超的教学设计艺术。

这堂课我特别关注了王老师五次出示的资料，四次是关于陆游的，一次是关于林升的。印象非常深刻的是陆游的生平大事记，多少岁时干什么事情，这些事迹真实反映诗人的爱国思想，一生忧国忧民；还有介绍南宋北伐战争的资料和地图，王老师用很短的时间让学生浏览，这些资料不仅可以帮助学生理解古诗的诗意，还能够让学生对古诗背后的历史、地理环境有所了解。

这堂课学生学的只是两首古诗，但是涉及的古诗远不止两首。这样教学古诗，不仅可以大大增加学生古诗的积累量，对学生传统文化素养的提升也极有帮助。王老师教学古诗不是在古诗内容情感理解的深度上、从诗歌写作艺术上拼命挖掘，而是将重点放在古诗积累的扩展上，这非常符合儿童心理规律和年龄特点。不少语文老师教学古诗，重视的是古诗内容情感的挖掘、意境的分析、诗歌艺术的鉴赏，但由于小学生认知水平、知识背景、生活经验不能与老师的分析产生联系，因此学生不能主动建构。而背诵古诗是小学生这个年龄段的优势，可以获取最佳的学习效果。

第三，如何提高古诗教学的效率。一首古诗二十八个字，两首诗加起来五十六个字，学生读一读，每首诗大概在十五秒以内，读三遍只需一分钟，十分钟可以读三十遍。一节课四十分钟学两首古诗，除了朗读背诵，老师往往会结合古诗理解添加些内容，设计与古诗有关的读写练习，使教学内容更加丰富，教学效率也随之得到提高。那么，添加哪些内容更符合小学生古诗学习的规律，使学生得到更大的收获，很值得讨论。

王老师这节课里添加的内容为我们做了很好的示范。一开始通过名句引出了陆游的两首诗，又补充了抒发诗人爱国情怀的两首诗，最后还出示了一首词。添加内容与课文学的古诗有密切的联系，显得非常自然。为什么没有从诗人林升这个角度去扩展呢？因为陆游是著名的诗人，比林升的名气大得多，存世的诗词数量也多得多，扩展空间更大。

然后通过"死去元知万事空"的"万"让学生去搜寻自己熟悉的、能够背诵的带有"万"字的诗句。这个环节是挑战学生的古诗积累，也考验学生思维的敏捷和灵活性，所以学生积极性很高，课堂气氛活跃。先后有六个同学应答：林杰的"家家乞巧望秋月，穿尽红丝几万条"，龚自珍的"九州生气恃风雷，万马齐喑究可哀"，王安石的"千门万户曈曈日，总把新桃换旧符"，陆游的"三万里河东入海，五千仞岳上摩天"……有些诗句老师也不一定能背出来，但学生都能背出来，真了不起。学生背了以后，王老师也随机出示了六句诗，"千山鸟飞绝，万径人踪灭""窗含西岭千秋雪，门泊东吴万里船"……一个"万"字，巧妙地扩展出那么多学生熟悉的诗句。像这样的扩展非常有意思，可以极大地激发学生学习古诗词的积极性。

这堂课王老师增加的一些资料也非常恰当，帮助学生理解诗意，扩展传统文化知识，包括丰富宋朝的历史知识，处理得非常好。

我看到过两个有关《示儿》的教学设计。大家可以比较一下，什么样的教学内容可以和古诗学习结合得更加自然，更加紧密。

设计一：①边读边想象陆游病危时想到什么，请把他想到的说出来，再用简笔画的形式画出陆游病危时的样子。②给台湾的小朋友写一封信。

这两个练习尽管和陆游这首诗有些许联系，也可以增加学生动笔实践的机会，但都很牵强，很不自然。让小学生去揣摩古代政治家、诗人临终时的思想，合适吗？从这首诗引发出祖国统一的愿望，让学生给台湾小朋友写信，实在有穿靴戴帽之感。

设计二：①陆游的儿子站在父亲旁边听了父亲的这首诗，会对父亲说什么？写一段话。②扩展阅读岳飞的《满江红》："怒发冲冠，凭栏处，潇潇雨歇。"

以陆游儿子的身份写话，学生谈的是自己读这首诗的感悟，十来岁的学生很难体会诗人儿子的那种复杂心理，这个练习实在是为难学生。岳飞的词表达的也是爱国情怀，但是与课文《示儿》相比过于深奥，学生理解难度太高。

这两个设计我为什么不很赞同？因为这些练习与所学的古诗联系不够。当然，以诗人儿子的身份想象说话、给台湾小朋友写信也是语文练习，但如果能与古诗学习相结合，以提高学生传统文化方面的素养，效果会更好，更加符合古诗教学的目标任务。相较可见王老师对古诗教学方法的认识明显高出一筹，添加的内容能够和教学的古诗有机结合。这是古诗教学添加内容的一个基本原则。

我认为古诗教学添加学习内容的最佳途径是通过学的这首诗去扩展更多的古诗。儿童阶段学古诗，多读一首是一首，多多益善。王老师带出的《冬夜读书示子聿》这首诗，很多同学几乎可以背下来了。一篇带几篇，让学生读更多的古诗，使学生古诗积累量达到最大化，这应该是语文老师追求的目标。

这堂课我也看到三个小问题。一是讨论陆游 67 岁写这首诗时，"他南望王师多少年"？陆游出生于 1125 年，还是北宋时代。两年后北宋亡了，南宋建立，所以这是个数学问题，而且争论到底是 65 年还是 67 年，与陆游爱国情怀无关，意义不大。另外这个问题的说法是错的，"南望"特指在北面的"北宋遗民"盼望王师归来，而陆游当时在南宋，是在南边的，因此对"南望"的解读显然是错的。还有第二个小问题，"乃公"是什么意思？王老师解释是"你老子"，不礼貌。其实"乃公"有两种解释，一种是自称，有些不礼貌，很自傲；还有一种是对对方父亲的尊称。第三个很小的问题是"家祭"词义的理解。祭皇帝叫公祭，祭英烈叫公祭，家祭指家庭祭祀，这样解释才正确。只是王老师出示的图片很明显是在某个公墓里，南宋时不可能有这样的公墓，并且在公墓里祭祀已故亲人，不能称为"家祭"。

小学语文老师虽然教的是小学生，但是这门学科涉及的知识面实在太广。所以老师要不断学习，不断修炼，不断精进业务水平。

第四辑

口语交际教学

口语交际的教学情境创设要紧密联系学生的生活实际，让学生有话可说；教学指导要精心设计，层层推进；教学过程中要注重学生口语交际的实践，让学生在反复操练中提升口语交际能力。

# 巧用方法，让请教更有效

## ——三年级上册口语交际《请教》教学实录及深度评析

### 教学过程

#### 一、导入新课，提出要请教的问题

1. 联系生活，交流想要请教的问题。

师：同学们，大屏幕上有三个字，认识吗？谁来读一读？

生：怎么办。

师：加上一个问号，谁来读？

生：怎么办？

师：生活中你一定问过这个问题，想想当时的情景，谁再来读一读？

（多生带着表情、动作再读这句话。）

师：还记得当时你是在什么情况下问的这句话吗？

生1：我上游泳课的时候忘了带游泳衣，这个时候我慌乱了，不知道该怎么办。

生2：有一次考试我没考好，快到家门口的时候，我心里一直想怎么办怎么办。

师：你担心的是什么？

生2：我怕妈妈又把我狠狠地批评一顿。

生3：昨天晚上，我想吃螺蛳粉，在泡粉的时候，不知道该怎么泡，我就

想：怎么办呢？

2. 揭示课题，尝试请教自己的问题。

师：当你不知道怎么办的时候，应该怎么做呢？

生1：问问家长。

生2：也可以问问老师、同学，或者其他人。

师：对，寻求帮助，问问别人，看看他们能不能帮助自己，这就是请教。看老师写课题，大家一起读课题。

生齐：请教。

师：当你不知道怎么办的时候、有困难的时候就应该请教请教别人。刚刚不会泡螺蛳粉的同学，咱们现场请教一下，好不好？我来扮演你的妈妈，开始吧！

生：妈妈，这个螺蛳粉怎么泡？

师：用开水泡。

（该生依然不会泡螺蛳粉，面露难色，众生大笑。）

师：同学们发现了吧？请教好像是一件很简单的事，但并不那么容易做好，看来我们应该好好学习学习请教的方法。这节口语交际课，我们就来学习如何请教。

## 二、复习旧知，学会有礼貌地请教

1. 巧借资源，懂得请教要有礼貌。

师：同学们，我们先来看一段视频。（课件播放《说岳全传》中牛皋问路的视频。主要内容为：有一天，岳飞和他的小伙伴牛皋一起进京参加考试。考试的前一天岳飞在客栈里休息，牛皋按捺不住好奇的心情，想提前去考场熟悉一下环境。但是他初来乍到又对路不熟，骑着马迷路了。这时，他正好看到路旁有两位老者坐在那里聊天，便大摇大摆地走过去，粗声问道："喂，老头，去武试考场怎么走？"）

（生观看视频。）

师：牛皋这样进行请教，你觉得他能成功吗？

生1：他对这两位老者这样说话，感觉很不尊重，我觉得不会成功。

生2：他不能成功，因为他不孝敬老人，说话很不礼貌，两位老者肯定不会告诉他。

师："孝敬"这个词用得不准确，能不能换一个词再说一遍？

生2：他不能成功，因为他不尊敬老人，说话很不礼貌，两位老者肯定不会告诉他。

师：这个同学说到了一个很关键的词，请教别人必须要——

生齐：有礼貌。

师：是的，一定要有礼貌才行。请教别人，如果没礼貌的话，肯定要失败。牛皋说了什么话，还记得吗？

生："喂，老头，去武试考场怎么走？"

师：听听，直接就是"喂，老头"，太没礼貌了。在曾经一个版本的教材中也有这个故事，我们来看看吧！

（师出示语段，生自己默读。）

> **｜课件出示｜**
>
> 　　牛皋向一位老者问路。他马上吼道："呔，老头儿！爷问你，小校场往哪去？"

师：大家读了这段话，有什么感觉？

生：牛皋竟然说"呔，老头儿！爷问你"。他不仅仅是没礼貌的问题，而是特别欠揍的问题。

师：所以啊，请教别人首先要做到的是——

生齐：有礼貌。

师：请教别人有礼貌会有什么样的效果呢？我们来读一读岳飞的话。

（师出示语段，生默读。）

> **｜课件出示｜**
>
> 　　过了一会儿，岳飞也来到这里，他先离镫下马，然后上前施礼："请问老丈，方才可曾见一个骑黑马的？他往哪条路上去了？"

师：比较一下岳飞跟牛皋的做法和所说的话，你发现了什么？

生：我觉得岳飞很有礼貌，首先，他先上前施了个礼才说话，然后，他还称呼老者为"老丈"。

师：非常好，"老丈"就是对老年男子的尊称。岳飞来到这里，先下马，牛皋呢？

生：牛皋在马上吼。他不仅不下马，还吼，特别没礼貌。

师：结果老人不但没有给牛皋指路，反而生气地骂他是个冒失鬼。岳飞问完之后呢？

生：老人见岳飞很有礼貌，便耐心地给他指路。

师：正所谓"礼到人心暖，无礼讨人嫌"。一定记住，要想请教好，首先做到的是有礼貌。

2. 尝试练习，进行有礼貌的请教。

师：同学们，现在第一招谁学会了？谁来请教一下自己的问题？

生1（不会泡螺蛳粉的那位同学）："妈妈，螺蛳粉怎么泡？"

生2（卡丁车轮子坏了的同学）："爸爸，我的卡丁车轮子被扎破了，怎么办？"

生3（不会做数学题的同学）："爸爸，你知道这道数学题怎么做吗？我不会。"

师：大家的进步非常大，非常有礼貌，值得表扬。

3. 链接旧知，巩固礼貌用语。

师：同学们，说到说话时用语要有礼貌，我就想到了咱们学过的一些内容，比如说一年级下册的口语交际《请你帮个忙》中有这样的三句话，我们来读一读。

| 课件出示 |

叔叔，您好！请问书店怎么走？

大姐姐，我想请你帮个忙……

李山，我忘了带水彩笔，可以用一下你的吗？

（生自己练习读。）

师：大家有没有发现一些特别有礼貌的地方？

生1：我觉得说"您好""请问"很有礼貌。

生2：还有"我想请你帮个忙"。

生3：还有"可以用一下你的吗"，先经过别人同意，也很有礼貌。

师：请教别人的时候，使用礼貌用语很重要，我们把这些礼貌用语都记住了，一起来读一读。

生：请、请问、您、您好、谢谢、不客气。

师：我们在二年级下册还学过一个口语交际——《注意说话的语气》，我们来回顾回顾。

| 课件出示 |

我不是故意的！

我不是故意的。

阿姨，请您让一下。

阿姨，请您让一下好吗？

（生自主练习朗读。）

师：大家发现语气上的不同了吧？请教就是请他人帮忙，所以语气特别重要，要尽量柔和一些，千万不要去命令别人。现在，我请一位同学上来请教，看他是不是可以做到有礼貌，而且语气柔和，不命令别人。这位同学，你来请教，先说说你要请教的是谁？

生：爸爸。

师：好，开始请教吧。

生：爸爸，今天语文作业我不知道有哪些，老师说是发在群里了，您帮我看一下，行吗？

师：怎么样？谁来评价评价他？

生：特别好！这位同学不仅有礼貌，而且态度好，没有命令别人的感觉。

师：掌握了这个方法，大家请教成功的概率就更大了！

### 三、根据情境，学会适时地请教

1. 发现问题，懂得请教要看时机。

师：同学们，你们的表现真不错，在请教的过程中很有礼貌，还注意到了说话的语气，很好。我们再来试试，这位同学，你要请教的是谁？

生：老师。

师（模拟批作业的情景）：马上就要上课了，我的作文还没批完，我得赶快了，否则一会儿上课，要给同学们讲作文怎么办？

生：老师，这道题……

师：我得抓紧时间了，你别打扰我行吗？马上就要上课了，还有 4 本作文没批完呢，急死我了。

（该生不知所措，站在那里不说话。）

师：同学们，谁发现了？请教别人，有礼貌当然很重要，语气好当然很重要，但是还有一点也很重要，我们还得——

生：看时机。

师：这位同学说得特别好，要看时机，看别人这会儿有没有时间，是否正在忙。有时候，你也不知道这个人到底有没有时间帮你，应该怎么说合适？我们就以刚才的事件为例来说一说。

生1：老师，打扰一下，我想问个问题，您看方便吗？

生2：老师，打扰一下，这会儿您有时间吗？我想问个问题。

师：特别好！说话时，我们要注意有礼貌，不要太生硬。无论是向老师、同学还是路人等，都要学会有礼貌地请教，看好时机再去请教，千万不要去命令。

2. 实践练习，学会看时机有效请教。

师：现在，我们请两位同学上来试试，一个人请教，另外一个人来做被请教的人。

（两生上台表演向同学借东西。）

生（女）：同学，打扰一下，请问你有时间吗？

生（男）：我有，你需要什么帮助吗？

生（女）：请问你能借我一支笔吗？我现在需要写作业。

生（男）：可以，给你。

师：这两位同学表现得怎么样？

生：他们都做到了有礼貌，而且都没有命令别人。

生：他们还会看时机。

师：同学之间相互熟悉，可能请教会容易一些。有时候在路上，我们也会请教路人，现在我请两位同学上来试试。

（两生上台表演向路人请教。）

生（男）：姐姐，请问您现在有时间吗？

生（女）：有，你需要什么帮助？

生（男）：我和爸爸走散了，请问能借一下您的手机打个电话吗？

生（女）：可以啊，给你用吧！

生（男）：谢谢您！

师：他们的表现怎么样？

生：第一，他们俩很有礼貌；第二，两个人在说的过程中语气都特别好，值得我学习。

师：我们再请一位同学试试，就请那个泡螺蛳粉的同学吧！我来扮演你的妈妈。现在，我就是妈妈，正在家里切菜呢，你会怎么请教？

生：妈妈，您有时间吗？

师：我正在切菜呢，不过没那么急，怎么啦？

生：妈妈，螺蛳粉是怎么泡的？

师：首先把包装撕开，把螺蛳粉放到碗里，再把开水倒进去就好了。

生：那得泡多久呢？

师：五六分钟吧，你可以看着时间。

生：谢谢妈妈，我终于学会了。

师：这位同学的进步非常大，表扬你！


### 四、实践练习，学会在请教中适时追问

师：刚刚这位同学的表现，谁来评价评价？

生：他不仅有礼貌，还会看时机。

师：还有一点也很值得表扬，谁发现了？

生：他不清楚时，还追问了一个问题：那得泡多久呢？

师，非常好！我们在请教的过程中，如果有没有弄清楚的地方，一定要学会追问，比如："您刚刚说的是这个意思吗？""您能再说得具体一点儿吗？"下面我们来看课文中的一个情境：我经常丢三落四，上课了才发现忘带作业本，出去春游又忘了带水。你想请教谁？

生：我想请教老师。

师：我就是老师，正在改作业，你来请教吧。

生：老师，您有时间吗？

师：有啊，你说。

生：我每次都是丢三落四，您能不能告诉我，怎样才能不丢三落四呢？

师：你要记住带什么，这样就不会忘了。

生：可是怎么才能记住呢？我很容易忘事情的。

师：你可以写一个便条，放在书包上提醒自己，第二天背书包时看到了提示，就不会忘了。

生：谢谢您，我明天就试试这个方法。

师：这位同学表现得怎么样？

生：很好，他很有礼貌，而且还会追问。

师：我们换一个请教的对象，再来试试。这次，你想请教谁？

生：我要请教的是我的爸爸。

师：好，我现在就来扮演爸爸。

生：爸爸，您好，请问您现在有时间吗？

师：有的，你说。

生：爸爸，我每天都是丢三落四的，上回忘带作业本，这次又忘了带水杯，请问您有什么好办法帮我改掉这个坏毛病吗？

师：好办法有很多，比如说，你可以在前一天晚上就把该带的东西装到书包里，这样第二天早上背上书包就可以出发了。

生：这个方法是很好，可是我担心前一天晚上我都忘了要带这个东西。

师：那这样吧，你可以在老师要求了之后就立即写一个小纸条，放到文具盒里，晚上回来写作业时，打开文具盒一看，发现小纸条，就立刻把要带的东西装到书包里，这样会不会效果更好一些呢？

生：嗯，好的，谢谢爸爸。

师：非常棒，有礼貌，会追问。学会了这几招，你再请教别人时，效果就好多了。我们再来看课本中的第二个情境：邻居小辉借东西经常不还，前些天把我的足球借走了，我到现在都没有拿到。提醒他吗？显得我很小气，不提醒又担心他一直不还，怎么办？同桌俩人先练习练习吧！

（同桌练习，师巡视。）

师：我们来交流交流吧！

（同桌两人上台，一人扮演哥哥，一人扮演弟弟。）

生1：哥哥，你现在有时间吗？

生2：有，怎么了？你说。

生1：邻居小辉之前借走了我的足球，但到现在也没有还，我不知道怎么让他还给我？提醒他，怕他说我小气，不提醒吧，又怕他一直不还。

生2：这确实是个问题，你能不能写一个小卡片，放在他的桌上，他回到教室一看上面写的内容，就想起来还给你足球了。

生1：他如果没想起来还足球，怎么办？

生2：那一次不行，就再来一次，也许两次就成功了。如果还没成功，你就可以当面跟他要了。好不好？

生：好。

师：这两位同学表现得非常好！我们再请一组同学来试试！

（同桌两人上台，一人扮演爸爸，一人扮演弟弟。）

生：爸爸，您好，请问您现在有空吗？

师：有空，你说。

生：邻居小辉把我的足球借走了，没有还我。我害怕提醒他显得小气，但不提醒他，我又害怕他一直不还给我，怎么办呢？

师：这样吧，下楼的时候，你如果刚好遇到他了，就跟他提一提足球相关的话题提醒他。比如：今天有足球课，我的足球忘带了。看他能不能想得起来。

生：那万一他想不起来呢？

师：想不起来，你就这样跟他讲：小辉，我的足球好像上次你借去了，是不是你也给忘了？有礼貌地提醒他，他一定会还给你的。

生：好。

师：非常好！同学们，今天所有同学都表现得特别好，进步特别大。最后，王老师提醒大家，回去之后，大家可以用今天学到的请教方法向自己的家人、朋友去请教，这样可以解决很多难题。

## 深度评析

王老师的口语交际课《请教》上得生动活泼，学生欢声笑语不断，学生在非常轻松活泼的氛围中学到了怎么去"请教"。这堂课有几个方面可圈可点。

第一是创设的口语交际语境都是来自学生的生活。螺蛳粉怎么泡？数学题不会做怎么向爸爸请教？游泳衣没带应该怎么处理等。这些都是学生生活中的真问题。生活中碰到这些问题应该怎么去请教别人？学生都有话可说。这是口语交际课话题设计的重要前提。

第二是王老师的指导过程层次清楚，步步深入。怎么向人请教？首先要有礼貌，其次要选择好时机，请教的问题如果不清楚，还需要追问等，逐步深入，指导得比较具体。可见王老师对"请教"的知识点研究深入，对问题的分解设计得比较细致。特别是请教过程中的"追问"，学生在请教时往往不能一下子把问题说清楚，因此怎么去追问，怎么让别人听明白，这是一种言语智慧，需要重点进行指导。王老师根据创设的几种语境引导学生练习怎样追问，怎样把问题表达清楚，通过几种语境的实践操练，让学生对追问有更加丰富的感性认识，真正提高了学生的请教能力。

第三是教学过程中注重学生口语交际的实践。王老师创设多种情境，让学生反复进行请教的操练，引导学生在实践中学会请教，在实践中逐步体会请教的方法，掌握规律性的知识。比如要有礼貌，要选择时机，要适当追问，这些知识点只有通过学生的亲身实践他们才能真正理解，真正掌握。如果老师只是传授一些概念化的知识，学生即使听明白了，也理解了，但是真正到了需要请教别人的时候，还是不会运用。这种能力只有在亲力亲为的实践中才能真正学会。

比如请教时怎么才是有礼貌？碰到老人应该怎么说？碰到年轻女性应该怎么称呼，叫姐姐还是叫阿姨？教学中王老师播放了岳飞和牛皋问路的视频，给学生留下的印象非常深刻。又如到底怎么追问，王老师创设了几个情境："泡面怎么泡""怎样克服丢三落四的坏习惯""小辉借东西经常不还，我该怎么办"。遇到这样的情况该怎样向人请教，怎样追问？学生实践的语境越多，实践的机会越多，对知识掌握得就越熟练。

第四是口语交际课的前后联系，循序渐进。这节是三年级的口语交际课，学生在一、二年级已经反复进行过口语交际操练了，已经学到了口语交际的一些知识。这些口语交际知识学生应该反复练习，逐步提高自己的能力。比如说有礼貌，一年级时就要求学生学习一些常见的礼貌用语，二年级时要求学生在生活中运用礼貌用语进行交流。所以口语交际的一些知识、要求、规则、方法策略指导不是每堂课都要重起炉灶，而是应该像滚雪球那样，在前面的基础上逐步提高，这样可以取得更好的效果，学生才会将规则和方法策略转化成自己的口语交际能力。

以上谈的都是这节课可圈可点的亮点。当然这堂课还有可以提高的空间。下面我谈些自己的想法。

教学过程中王老师设计了有礼貌地请教、选请教的时机，还有追问的环节，对学生来说，这三个知识点中"追问"最难也最重要，应该是这堂课的重点。比如学生追问"螺蛳粉怎么泡"，王老师马上就发现他这个问题没有说清楚："用开水泡。"王老师其实是在调侃这位学生没有把问题说清楚。学生知道螺蛳粉是用开水泡这个前提，但这个问题该怎么去请教，后来通过王老师的指导，学生逐步清楚了。但是这些追问大多是王老师"喂"到他嘴边的：螺蛳粉泡多长时间，开水要放多少，这些问题都出自王老师之口，不是学生的主动追问。像这些把问题说清楚的追问，最好是让学生自己提出，如果个人提不出来，可以让全班学生补充，大家集思广益。

把请教的问题说清楚，这是前提。你要想请教别人问题要非常明确地告诉别人，要抓住关键，这是一个抓要点的思维过程，是学生请教别人的难点。课堂上老师应该明确提出这样的要求，就是要把问题说清楚，让学生集思广益，比较并讨论谁能够把请教的问题说清楚，通过学生的相互补充，不断碰撞交流，一起判断选择请教的问题该怎么来提出，怎么让别人听清楚。这就是佐藤学讲的"共同体对话"理论。对话有三种形式，一种是和客观世界对话，和教材对话；一种是自我对话；还有一种是伙伴间的对话。其实共同体学习中对学生知识增长最有效的对话形式是共同体伙伴间的对话，包括师生，包括学生伙伴，共同体对话最有利于学生吸取新的营养。在自我对话中学生往往以为自己是对的，比如请教时提问，学生认为自己是说清楚了的，其实你清楚别人不一定清楚。所以通过伙伴对话，学生就能够发现自己请教中的问题，纠正不当之处，把问题说清楚。这应该作为这堂课的重要难点进行指导，应该加强。

这堂课学生提出的有些问题其实不是请教。比如向路人借手机、向同学借笔，这是借东西，这些问题王老师应该过滤掉。

其次就是如何有效进行追问。追问不止一种，可以有几种追问。比如课本中的情境，小辉借走了"我"的球不还，向爸爸请教追要的策略方法。王老师讲了几种追问方式，"借了球忘记了怎么追问""借了球不肯还怎么追问"，不同的情况需要不同的追问方式。还比如"怎么泡螺蛳粉"应该如何追问，这其中反映出学生对泡螺蛳粉本身的熟悉情况，学生的生活经验也很重要。追问时还需要学生的应对智慧。比如学生提出游泳忘记带游泳衣了怎么办，像这样的问题其实都是生活中的真问题，怎样去应对，很锻炼学生的智慧。王老师如果多创设一些语境，引导学生根据生活中各种突发事件进行追问，会更有效地提高学生的应对能力。

王老师指导追问还可以再放开一点，让学生更多地进行伙伴间的交流，减少师生间的一问一答。可以让学生围绕一个共同话题去思考怎么进行追问，然后几个小组进行交流，看哪个小组请教的问题最清楚、说得最合适，怎样追问能够获得问题解决的方法，交流过程中王老师可以加以有效的指导。多给一些情境，学生获得的请教经验就会更加丰富，应对能力就会更强，教学效果就会更好。

当然这就涉及课堂时间的分配问题。这堂课指导了三个知识点：有礼貌，看时机，说清楚。我统计了指导的时间，前两个知识点指导用时 26 分钟。其实这两个知识点学生在一、二年级已进行了反复训练，虽然还需要巩固复习，但是可以适当压缩时间，这样可以将时间更多地放在讲清楚要请教的问题和追问上。让学生更加深入地参与，分小组来寻找请教的话语，并且进行交流、点评，看哪个小组请教的问题最清楚，表达得最合适，如何追问能够获得好的效果。这样适当地调整教学时间就能突出重点，效果会更好。

# 怎样劝告更有说服力

## ——三年级下册口语交际《劝告》教学实录及深度评析

教学过程

### 一、导入新课，尝试劝告

师：上课之前，王老师先请大家来猜一则谜语：外表疙瘩瘩，刺猬像是它。爱者赞其香，厌者掩鼻走。猜猜这是什么？很多同学都吃过的。

生：榴梿。

师：你告诉大家，吃过没有？喜不喜欢吃？

生1：我吃过，不过第一次闻到时我就想跑，但是第二次我捏住鼻子吃了一块，觉得挺好吃的。

师：第三次还捏鼻子吗？

生1：不捏了。

师：你吃榴梿的过程很有意思。谁再来说说？

生2：我跟刚才那位同学不一样，我觉得榴梿吃起来很甜。

生3：我第一次吃是姥姥从市场买回来的。它没有外面的皮，直接是里面的果肉，装在一个盒子里。我闻了闻，觉得并不臭，很好吃。如果它是冰的，吃起来就很像冰激凌。

生4：我第一次吃榴梿的时候有点暴力。我不知道榴梿是怎么吃的，就尝试把它掰开。结果太硬了，我就拿刀子切。可是我的力气太小了，切不动。

师：看来爸爸妈妈不在家的时候吃榴梿挺不容易的，也挺危险的。想想看，你拿起刀的那一刻，妈妈正好开门要进来，她一定被吓坏了。我们继续交流。

生5：我第一次吃榴梿时，先闻了闻味道，然后就大口大口地吃了起来，一连吃了好几块。从此我就爱上吃榴梿了，每天都会吃一块。

师：看来大部分同学还是比较喜欢吃榴梿的。我可不行，不仅不喜欢吃榴梿，而且闻到它的味道就受不了，一定要掩着鼻子，甚至得捏着鼻子。有一天，我在高铁站候车大厅安静地等车，一边看着书，一边听着音乐，多惬意啊！这时候，一股特别刺鼻的味道传了过来，有人在吃榴梿。她不仅在吃，还吃得很香。她四周有好几个人，估计跟我一样，都不喜欢吃榴梿，有的捂着鼻子，有的直接捏着鼻子。那一刻我们的心情，大家能理解吗？

生：能。

师：我们不喜欢吃榴梿，闻到榴梿的味道都难受，可这个人不仅在吃榴梿，而且吃得很香，吃得时间很长。谁能帮我劝劝她？我现在就是那个吃榴梿的人，你来劝劝。

生：你好，这是公共场合，这榴梿实在太臭了。

师（扮吃榴梿的阿姨）：啊，你竟然说我臭，你给我走开。气死我了，哼！竟然说我臭！今天没有把你踹到一边去，算你运气好。真是个熊孩子！

师：劝告失败，我们再请一位来。

生：这个榴梿太臭了，你能不能想想别人呀？

师（扮吃榴梿的阿姨）：你给我走开！竟然说我最喜欢吃的人间美味榴梿臭，太不像话了！走开！

师：劝告又失败了，我们请一位女生来劝告吧。

生：你好，请不要吃榴梿了，好吗？

师（扮吃榴梿的阿姨）：为什么不吃？这是我买的！

生：因为我不喜欢那种味儿。

师（扮吃榴梿的阿姨）：你不喜欢，我喜欢。

生：有一种恶心的味儿。

师（扮吃榴梿的阿姨）：你竟然说我恶心，那我就不客气了。看打！

师：两位男生、一位女生上来劝告，全部以失败告终，还惹怒了吃榴梿的阿姨。看来劝告没那么简单，劝告是需要方法的。也许当你学会了方法之后，再劝告的时候就不会失败了。今天我们就要来学习劝告的方法。

## 二、层层推进，学会劝告

1. 联系生活，了解劝告的方法。

师：在学习劝告的方法之前，王老师先要请大家来看一段视频。（课件播放视频。）

---

**｜视频主要内容｜**

记者：爸妈辅导你学拼音时，最常说的话是什么？

学生 1：你怎么这个不会，那个不会，你是不是跟猪一样，榆木脑袋。

学生 2：如果你不学好拼音，你以后就得去搬砖，捡垃圾，收破烂，直接被社会淘汰。

---

师：刚才看这个视频的时候，大家笑得很开心，你看到哪儿就笑了，为什么笑？

生：他爸爸妈妈说他是榆木脑袋。

师：生活中你有没有被这样批评过？

生：有，我妈经常这样说我。我考试成绩不好，我妈就骂我：你怎么能这样呢？考试成绩这么低，你简直是榆木脑袋。

师：听到妈妈这么恶狠狠地说，你当时心情怎么样？

生：如果我会遁地，我就会钻到地底下去。

师：无地自容，真想藏到地缝里。所以刚才听到"榆木脑袋"的时候她特别有感触，因为她妈妈说过类似的话。你呢？

生：我看到那句"跟猪一样"，就想起了我妈妈说我的情景。

师：来，告诉大家发生了什么？

生：我上次英语考得不好，妈妈一看，就大声吼道："你个猪脑袋，你想死啊！"其实我也不想考成那样啊，当时我的心里也很难受。

师：同学们，当你被人这样说的时候心情会特别不好，会很沮丧，没有信心。我们在劝告别人的时候，不能这样指责别人。在劝告别人的时候，我们一定要注意——

生1：态度要好一些。

生2：不要指责别人。

（师板书：不用指责的语气。）

师：刚才的几位妈妈用指责的语气说话，让人心情很不好。有没有同学像这位同学一样，比如数学考试中有一道题不会做，做错了，其实自己也不愿意出错，但是有些题自己真的不会做。来，说说你当时的心情和真实的想法。

生1：我特别希望立刻把题做出来。

生2：我特别希望爸爸、妈妈能理解我。

生3：我希望爸爸、妈妈能鼓励我。

生4：我希望爸爸、妈妈能够给我辅导辅导，讲讲这道题该怎么做。

师：对呀，我相信遇到不会做的题，大家一定希望爸爸、妈妈能理解自己，能鼓励自己，能帮助自己。但爸爸、妈妈常常不能理解我们的心情，转身直接来了一句——

生齐：你上课为什么不专心听讲！

师：我请一位有感受的同学来读，他肯定读得好。

生：你上课为什么不专心听讲！

师：妈妈好厉害，都暴跳如雷了，边跳边喊。孩子，你真坚强！我相信此刻你希望妈妈理解你、鼓励你，帮你把这道题讲一讲。可是，妈妈没有，妈妈在干什么？

生：训我。

师：妈妈在批评"我"，而且还特别严厉，并没有从我们的角度出发来思考。现在你明白了吧，劝告别人的时候要尽可能——

生：换位思考，从别人的角度出发。

师：对，这样你才能理解别人想要什么。（师板书：要从对方的角度思考。）

2. 创设情境，教给劝告的方法。

情景一：坐在楼梯的扶手上往下滑。

师：（课件出示学生坐在楼梯的扶手上往下滑的图片。）在学校里，很可能出现这样的情景，咱们班有人干过这样的事儿没有？

生：没有。

师：真好，不过我见过咱们学校其他班有学生这样干过，你觉得这样做对不对？应该怎么办？

生：不对。应该劝他。

师：下面有三个不同的劝告方法，我们来看一下。

---

**｜课件出示｜**

第一种：你这样做太危险了，有可能会撞到别人的。

第二种：你怎么不遵守学校纪律呢？太不应该了！

第三种：小同学，别这么玩！扶手很滑，如果没抓稳的话，你会摔伤的。

---

师：我们请三位同学上来，劝一劝这个滑栏杆的同学。谁来当滑栏杆的同学？（一生上来表演滑栏杆，滑下来后非常开心。）你刚刚从栏杆上滑下来，非常开心。

生1：你这样做太危险了，有可能会撞到别人的。

滑栏杆的同学：是啊，有可能，那还有可能撞不到呢。

生2：你怎么不遵守学校纪律呢？太不应该了！

滑栏杆的同学：哼！你以为你是教导主任啊！

生3：小同学，别这么玩！扶手很滑，如果没抓稳的话，你会摔伤的。

滑栏杆的同学：哦，这样啊，好吧，那我不滑栏杆了。

师：三位同学进行了劝告，只有第三位成功了，为什么第三位同学的劝告滑栏杆的同学愿意听？

生1：因为他站到别人的角度上去思考，为他的安全着想。

生2：前面两个同学都在指责他。

师：我问问你，你当时是不是有这种感觉：前两个同学的劝告，你听了很不舒服。第三个人说："小同学，别这么玩！扶手很滑，如果没抓稳的话，你会摔伤的。"你听了是不是觉得他为你的安全考虑了，是从你的角度出发，为你着想？

生：是的，而且第三位同学的称呼也换了，前两位说的是"你"，第三位同学说的是"小同学"。

师：称呼也特别重要，称呼变了，感觉态度也变了。从对方的角度考虑了，对方就容易接受。同学们，谁学会劝告的方法了？

生：劝告的时候不能用指责的语气，要从对方的角度思考。

3. 实践运用，掌握劝告的方法。

师：掌握了方法，我们再去看看那个吃榴梿的人，看看怎样劝告才有效。还记得刚才的情景吗？三位同学都劝告失败了。我还扮演那个吃榴梿的阿姨，刚刚劝告失败的第一位同学重新上来，我们看他劝告的方式跟刚才比有没有什么变化。

生：小姐姐，能不能不要在公共场所吃榴梿，榴梿味道不太好闻。

师（扮吃榴梿的阿姨）：榴梿挺香的呀。

生：你能不能站在别人的角度思考一下？

师（扮吃榴梿的阿姨）：我管不了别人，我只管自己。

师：他有进步，谁发现了？

生：他没有再说别人臭了，还称呼了小姐姐。

师：有进步，不过还是失败了。刚才那个女同学来试试吧。

生：姐姐，你不要吃榴梿了，好吗？这样子有的人可能会不喜欢你。

师（扮吃榴梿的阿姨）：你刚才说什么来着？

生：你这样吃，别人会讨厌你。

师（扮吃榴梿的阿姨）：讨厌我？走自己的路，让别人旁边说去吧！

生：阿姨，您不要吃榴梿了，榴梿吃多了可能会上火。

师（扮吃榴梿的阿姨）：啊！会上火？哦，那我要不把它收起来，免得嘴角起个泡，就不漂亮了。要不我再吃一点点吧？

生：可以，谢谢。

师：这位同学有一个非常大的优点，谁发现了？

生：换位思考。她没有直接上来说你不要吃了，而是说吃榴梿吃多了会上火。

师（扮吃榴梿的阿姨）：是啊，我一想，上火就不漂亮了，算了，还是不吃榴梿了。

师：看来什么很重要？

生：换位思考。一定不能老是指责别人。

师：谁继续进行劝告？

生：阿姨，您能不能不要吃榴梿了？您吃榴梿不仅会上火，而且要是一直吃榴梿，别人都会讨厌你，不跟您交往，您就没有朋友了。

师（扮吃榴梿的阿姨）：可是，我就是喜欢，我在我家不能吃吗？

生：在家可以吃，但是一定要少吃，会上火的。

师（扮吃榴梿的阿姨）：上火的表现是什么？

生：流鼻血。流鼻血就得去卫生间洗。万一您洗的时候，高铁来了怎么办？

师（扮吃榴梿的阿姨）：这个小朋友说得挺有道理的。我不能再吃了，万一我流鼻血了，给鼻子塞着纸团太丑了。如果我去卫生间，正在清理鼻子的时候高铁来了，我误了高铁回不了家怎么办呀？为了不耽误乘坐高铁，我把榴梿收起来。

4. 自主练习，巩固劝告的方法。

师：生活中，还有很多人和事要去劝，比如说——

| 课件出示 |

1. 有同学违反交通规则，横穿马路。
2. 表哥喜欢玩电脑游戏，一玩就是一整天。

师：面对这样的情景，你们说该不该劝？

生：该劝。

师：我们四人小组先相互模拟角色，练一练。

（生练习劝告。）

师：我们请几个小组上台展示。

（一生表演表哥一整天都在玩电脑游戏。）

生：表哥，请不要再打电脑了，这样对你的眼睛不好，对你的身体也不好，容易脖子疼。

扮演表哥的学生：怎么就不好了，我不是挺好的吗？

生：你会出现黑眼圈，如果打的时间长的话，你的眼睛会近视，以后就没法打游戏了。你可以每天打半个小时或者二十分钟。这样的话，打完游戏，你再做一下眼保健操，有助于保护你的视力，你以后还可以打游戏，怎么样？

扮演表哥的学生：每天打一定的时间可以打的时间更长些，那我现在把电脑关了，做做眼保健操吧。

师：这个表哥好听话呀。再请一组。

（一生表演表哥一整天都在玩电脑游戏。）

生：表哥，你别这么玩，如果你长时间玩电脑的话会对眼睛不好的。专家说，如果每天玩三十分钟就会近视的。

扮演表哥的学生：我才不要你管呢，你看，这多好玩的。

生：表哥，你这样玩的话，你眼睛会近视，将来就考不上好大学，而且我给你储藏的三十包泡面也不给你吃了。

扮演表哥的学生：那我不玩了。

师：还有绝杀技呢，考不上大学，三十包泡面也没了。不错。我们再来看看过马路的场景该怎样劝告？

（两生表演过马路的场景。）

生：小同学，过马路不能跑。

扮演过马路的学生：我们都快迟到了，能不着急吗？

生：上课迟到跟生命安全，哪个重要？你好好想一想。

扮演过马路的学生：我们都快三年级了，这些都知道。

生：知道怎么还要横穿马路呢？再着急也不能不顾自己的生命呀。

扮演过马路的学生：今晚有卤鸡腿呢，早点去学校写作业，晚上就能早点儿吃到卤鸡腿，难道你不想吃吗？

生：鸡腿可以重做一份，但是你的生命可不能重来一次。你们这样做是很危险的，万一车把你撞到怎么办呀？你就躺到医院里去了，卤鸡腿恐怕就吃不上了。

师：今天，同学们的发言特别精彩，尤其是那些劝告的同学，真的是想了各种办法，不指责别人，同时还能从别人的角度思考。我们的校园里还存在着一些不文明的现象，需要我们去劝告相关的同学。除了滑楼梯，你还发现了哪些不文明的现象？

生：我见过高空抛物。

师：太危险了，一定要劝告。

生：还有从楼梯上往下跳着走的。

师：这也很危险，应该劝告。同学们都很善于发现。面对不文明的现象，希望大家行动起来，积极地劝告他们，让我们的校园更文明。今天的这节课就上到这里，下课！

## 深度评析

这堂口语交际课上得生动活泼，学生很开心。这堂课有很多方面值得学习、借鉴。

第一就是情境创设贴近学生生活。这堂课王老师除了充分利用教材中的三个情境"小同学下课从楼梯扶手滑下来""有同学违反交通规则横穿马路"，"表哥玩电脑游戏一玩一整天"外，王老师另外增加了三个情境，第一个情境是高铁站吃榴梿，这个情境创设得很不错，学生有话可说。另外两个情境是：孩子拼音读不准，妈妈指责他；数学题不会做，告诉妈妈，妈妈责怪孩子。这样几个情境都和学生生活紧密结合，能够激发学生表达的兴趣。口语交际就是要引导学生在具体的语境中进行交际，创设什么情境、怎么让学生有话可说和他们的生活经验直接相关，这很要紧。所以说这堂课的交际情境创设得很好。

第二，这堂课设计得很有层次，环环相扣。首先创设了高铁站吃榴梿的情境，引导学生对公共场合吃榴梿的人进行劝告，结果劝告不成功。怎样劝告才能说服别人呢？这个引入环节激发了学生的学习兴趣，很自然地转入第二个环节——学习怎样劝告，体会劝告的方法。王老师播放了学拼音的视频，通过两位学生的例子从反面总结出过多的指责难以让人接受，让学生认识到劝告要从别人的角度出发，要为对方着想才有说服力。接着结合教材中的情境"一个同学下课时从楼梯的扶手上往下滑"，通过现场表演让学生从正面认识劝告的方法。通过正反两方面的结果比较，学生对怎样劝告有了比较深刻的认识。以上两个环节大致用了 20 分钟。接下来第三个环节王老师结合具体情境，运用劝告的方法让学生进行两次劝告的实践练习。学生了解了劝告的方法，怎样在方法指引下进行劝告呢？王老师先重拾高铁站劝告不要吃榴梿这个情境，让学生思考怎么才能劝告成功，请刚才失败的学生再次进行劝告。看得出几个学生在这次劝告中都避免了一味指责，而是站在对方立场进行劝告，说话方式有明显的改进。接下来再结合教材里的两个情境，表哥打游戏和同学乱穿马路，再次进行劝告练习，让学生再一次从实践中学习怎么进行劝告。劝告实践练习环节用了 19 分钟，时间比较充分。最后总结环节用了 1 分钟。整个课堂教学设计，从激发兴趣、明确学习任务，到体会劝告的方法，最后再运用方法进行劝告实践，环环紧扣，层层深入，各个环节的设计感很强。

第三，在实践中学会劝告，这是口语交际课最重要的一个环节，也是决定成败的关键。光是懂得劝告的方法，比如不能指责别人、要为对方着想、要用适当的语气等并不等于学会了劝告。因为劝告的对象各不相同，情况也是各不相同的，所以光是掌握几条干巴巴的要领其实与学会劝告完全是两回事。就像学骑自行车，明白了骑车的要领：第一要双手握把，第二两眼正视前方，第三身体坐正，第四，两只脚均匀地用力。一、二、三、四都知道了，自行车就会骑了吗？还是不会骑！因为这是一种技能，不是明白要领就可以学会的，需要在实践中才能真正掌握方法。劝告也是这样，明白了"一、二、三、四"并不等于学会了劝告。要想学会劝告，必须通过大量的实践。这和在游泳中学会游泳的道理是一样的。这堂课王老师安排了两次劝告的实践是非常有必要的。特别是王老师把前面劝告不要吃榴梿失败的这个情境重新捡起，引导学生再次练习劝告。"刚才的劝告失败，现在明白了劝告的方法以后，你准备怎么劝告？"学生通过两次劝告对比，对根据具体对象和情境正确运用劝告的方法有了新的认识。这可以看到学生学习的进步，真实反映出了学习的效果。

这堂课哪些地方还可以改进？我认为时间分配还可以稍作调整。这堂课前面一半时间是指导劝告的方法，安排劝告实践练习的时间也差不多占了一半。前面部分可以压缩，如果 10 分钟能够让学生明白怎么劝告，然后用 30 分钟来练习劝告，是不是对提高学生劝告能力更加有效？要学会劝告，一定要根据不同的情境反复去练习，在实践中才能真正学会劝告，这是技能掌握的基本规律。

如何增加学生劝告实践的时间？我认为可以适当减少些老师设计的情境。教材中有三个情境，加上王老师增加的三个情境，是否多了？增设的三个情境，"学拼音"和"做数学题"这两个情境没有用好，仅仅让学生知道用指责的方式进行劝告效果不好，那么遇到这种情况应该怎么进行劝告才是好的呢？因为时间关系没有下文了。用的最好的是吃榴梿的情境。为什么好？因为前后有比较。刚开始学生没有学过怎么劝告，所以以指责、批评为主，有的学生捏着鼻子上去，对别人不礼貌，这些现象都很正常，生活中学生就是这样的认知水平，他就是这样劝告别人的。学了劝告的方法后再来改进劝告的语言、劝告的行为。通过前后对比发现，学生的劝告能力提高了。所以创设情境多不一定好，如果删掉"学拼音""数学题不会做"这两个劝告失败的情境，以教材中的"滑扶手""打电脑游戏"两个情境来替代，是不是可以节省时间，将时间更多地运用在劝告实践上？

劝告其实是很需要智慧的。比如第二次劝告"吃榴梿"，劝告的最好的是一位女同学：请您不要吃榴梿了，吃榴梿要上火的，上火就可能流鼻血，流鼻血你要到卫生间，错过上车时间就麻烦了。她把前面学生讲的一些理由都综合起来进行劝告，这个学生很聪明，很有智慧。

怎么让学生用更加适当的话语去劝告呢？最好的方法是发挥团队作用，先引导学生进行小组讨论，学生经过碰撞，集思广益，一定会想出更有说服力的劝告方法。然后选派代表全班交流，师生共同点评。比如学生谈打游戏，几个学生的劝告发言哪一个最好？你在他们劝告的基础上还可以怎样改进？怎么才能说得更好，更加有说服力？交流点评过程中学生还会产生新的想法，提出新的建议，使劝告的理由更加充分，更容易让人接受。这样就能让学生在原有基础上上一个台阶，对怎么进行劝告有更加真切的体会。在一堂课里面，学生最有收获的时候可能就是小组讨论和交流点评环节。

第五辑

习作教学

习作课主要用于提高学生的书面表达能力，老师应该合理分配指导讨论和动笔写的时间，是否应该留出一半时间让学生动笔写以及交流点评以后的修改？因为写作能力的提高是在学生动笔写作实践中才可能实现的。

# 不断改进，让生活更美好

## ——三年级上册《我有一个想法》教学实录及深度评析

### 教学过程

#### 一、借用媒体，激发兴趣

师：同学们，上课前，王老师分享给大家一句话，我们一起来读一读。

> **| 课件出示 |**
>
> 　　改变，让生活更美好。

生齐：改变，让生活更美好。

师：是的，改变能够让我们的生活更加美好。在生活中，当我们发现问题时，如果能够产生新的想法，给出一些建议，生活可能就会发生变化，变得越来越美好。不信，大家看这段视频。

（师播放视频：科技改变生活。）

师：看完了这段视频，相信你一定有很多感受，让我们再次齐读这句话。

生齐：改变，让生活更美好。

师：以前没有空调，夏天特别热，遇到这样的问题后，有人就发明了空调，从此，夏天也可以享受清凉了；以前没有洗衣机，洗衣服太累了，为了解决这个问题，有人就发明了洗衣机，现在只要轻轻按下按键，衣服就可以洗干净了。我们的生活，就是在不断发现问题、解决问题的过程中变得越来

145

越美好的。看来啊，在生活中遇到某些问题，看到某些现象时，我们应该多一些想法，有了想法可能就有了全新的改变。让我们再读读这句话——

生齐：改变，让生活更美好。

师：同学们，昨天我们在学习本单元的口语交际时，看到了这样一幅画面。

（课件出示上公交车时有人插队的图片。）

师：上公交车，看到有人插队，你有什么想法？

生1：我要提醒他，我们都应该排队，不能插队。

师：没错，我们可以提醒他，还有其他办法吗？

生2：可以给公交车上贴上"要有序排队"的标语。

生3：还可以在公交车站安装栏杆，这样就不能插队了，每个人都得按照先来后到的顺序排队。

师：同学们的这些方法都很好！我们再来看下面这个画面。

（课件出示乱涂乱画、攀爬树木等图片）。

师：怎样才能让这些人不干这些不文明的事情呢？

生1：我们可以在那里竖一个大大的牌子，用鲜艳的颜色写上"请爱护公物"。

生2：可以在墙的旁边竖一个牌子，上面写上"请勿乱画"，在树的旁边竖一个牌子，写上"请勿爬树"。

生3：可以在文物外围设置一个围栏，把文物保护起来，这样他们就进不去了，也就不能破坏文物了。

师：非常好！大家都有自己的想法，值得表扬。同学们，今天这次习作要写的就是——

生齐：我有一个想法。

（师板书课题后生齐读课题。）

## 二、明确要求，学习写法

1. 阅读教材，明确要求。

师：要写好本次习作，我们首先就要弄清楚要求，我们请一位同学来读一读下面的要求。

| 课件出示 |

　　生活中有哪些现象或问题引起了你的关注？你对这些现象有什么想法？从自己发现的或同学列举的现象中选择一个写一写。

　　师：我要表扬这位同学，读得声音响亮，非常好。谁特别会听？你发现这次习作要求我们写的内容是什么？

　　生：发现某些现象和问题后，要把我们的想法写下来。

　　师：这个同学很会汲取有效信息。是啊，要写的是我们在生活中发现的现象或问题。从数量上来说，写几个现象或问题呢？

　　生：写一个。这儿说了，从自己发现的或同学列举的现象中选择一个写一写。

　　师：注意了，是写一个现象或问题，大家一定要留意。我们继续读教材中的习作要求。

| 课件出示 |

　　写的时候，要把这种现象和你的想法写清楚。如果有改进的办法或建议，也可以写下来。

　　写好以后读给同学听，看看他是否明白我的想法，再问问他对这个问题有什么看法。

　　师：读了这部分内容，你又明白了什么？

　　生：我知道了，我们写的时候要把这种现象和自己的想法写清楚。如果有改进的办法或建议也可以写下来。

　　师：对，我们可以写的还有建议或者想法。注意，这个建议或者想法，是"你的"。

　　生：我还知道了，写好以后可以读给同学听，看看他是否明白我的想法，再问问他对这个问题有什么看法。

　　师：是啊，这次习作写的就是一个现象或者问题，加上自己的想法以及改进的办法或者建议。

2. 链接生活，渗透写法。

师：同学们，回顾生活，我们会发现生活中有太多的现象都值得我们去思考，都能激发我们的想法。我们先来看一张图片。（课件出示爸爸妈妈坐在沙发上玩手机，孩子很无助的图片。）这样的情景你一定很熟悉吧？你们家也许就出现过，谁来跟大家分享分享？

生1：我们家经常会出现这样的情况：妈妈可能是上班累了，晚上回来后她就躺在沙发上刷手机，爸爸干脆直接躺在床上玩手机。妹妹闹着要听故事，可是爸爸、妈妈都不理她，我看到之后就赶快把作业写完去陪妹妹玩，给她讲故事。

师：你真懂事！还有谁也有过类似的经历？

生2：我妈晚上下班回来后说她很累，要去睡觉，结果根本没睡着，一直在玩手机。爸爸回来了，他躺在沙发上玩手机。我很孤单，只好一个人在房间里写作业。

师：真是个可怜的孩子，还没吃晚饭呢，就孤孤单单地写作业了。还有谁想分享？

生3：我的爸爸、妈妈最爱干两件事：一是玩手机，二是躺在床上。他们给我了一个玩具，让我自己玩，别打扰他们。

师：看到这样的现象，你想说什么呢？我知道你们在家没敢说，现在机会来了，可以大胆地说出来。

生：我想说：爸爸、妈妈，玩手机本来就不好，躺在床上玩手机还伤害眼睛。

师：是啊，有时候你可能想躺在床上看书，妈妈一定会说：孩子，你要注意——

生：保护视力，爱护眼睛！

师：现在爸爸、妈妈躺在床上玩手机，你就可以跟他们说——

生1：妈妈，你躺在床上玩手机，却不让我躺在床上看书！你要给我做榜样才行！

生2：爸爸、妈妈，躺在床上玩手机对眼睛不好。

师：爸爸、妈妈玩手机，给你一个玩具玩都算好的了，还有更"可怜"的，我们来看这张图片。

（课件出示图片：爸爸妈妈玩手机，孩子来问问题，没有人及时解答。）

师：大家有没有遇到过这种情况，爸爸妈妈在玩手机，你有一道题不会做就去问他们，但却没有人搭理你。

生：有一次我写数学作业时，有一道题不会做，就去问妈妈，妈妈让我等一会儿，结果十几分钟过去了，我过去一看，妈妈还在低着头刷微信呢。

师：谁也遇到过这种情况？

生：有一次做数学试卷，有一道题我不会做，就去问妈妈，妈妈正在玩手机，让我等一下，结果半个小时都过去了，她还没理我，后来解释说把我问问题的事情给忘了。

师：是啊，这样的现象经常会出现，看到这样的现象，你一定有想法，有想法就可以写出来。同学们，我们再来看一张图片。

（课件出示图片：爷爷过生日，家人都在低头玩手机。）

师：一天，爷爷过生日，全家人围坐在一起，多幸福的场景啊！可是，后来，爷爷却生着闷气离开了。发生了什么事儿呢？

生：大人们都在刷手机，没人跟爷爷说话。孩子们也拿着手机玩游戏，没人跟爷爷说话。

师：是啊，看到这幅图片，我在想：这是在给爷爷过生日，还是在给手机过生日？

（众生大笑。）

师：手机很开心，玩手机的人也很开心，唯独过生日的爷爷生气了。看到这样的现象，大家是不是有很多想法？当我们有想法的时候就可以用文字记录下来。就是刚刚我们所看到的现象，有人就这样写道——

**| 课件出示 |**

　我发现爱玩手机的人特别多。上个月我们去给爷爷祝寿——

师：想想看，这位小作者接下来会怎样写？谁能试着说一说？

生：大家都坐到了餐桌前准备给爷爷过生日，可是没过一会儿，我发现大家都低着头开始玩手机了。

师：说得很好，我们来看看小作者是怎样写的。

| 课件出示 |

聚会的时候大家都在各自看手机，很少一起聊天。

师：确实，现在的人都很喜欢玩手机，很少跟别人聊天，进行交流。谁能举一个例子，说一说生活中看到的现象？

生：有一次我过生日，只有妹妹给我唱生日歌，爸爸一直低着头看手机，妈妈只顾着拿手机自拍。

师：估计妈妈自拍完了还会发一个朋友圈：你看，我在给我家闺女过生日呢！

（众生大笑。）

生：有一次我让爸爸带我下楼玩，结果他在玩手机，让我先下去，等一会儿他再下来，结果过了半个小时他也没下楼。听妈妈说，半个小时后，他到我的房间看了一眼，还自言自语地说："孩子人呢？她干什么去了？"

师：让爸爸看孩子可真是一件很危险的事，孩子丢了都不知道。看来，玩手机有时候会耽误更重要的事情。当我们发现一个现象或问题的时候，怎样才能写清楚呢？

生：我们可以联系生活想一个事例，把事例写出来。

师：我们继续看看这位小作者写了什么？

| 课件出示 |

我爸爸下班回家之后，也一直玩手机，我叫他，他都不理我。
过于沉迷手机会影响与别人的交往，我们不应该总是玩手机，应该用更多的时间关心身边的人。

师：这位小作者也举了事例，很不错。再看看，后面他还写到了什么？

生：他写了看到这种现象后产生的想法和建议：过于沉迷手机会影响与

别人的交往，我们不应该总是玩手机，应该用更多的时间关心身边的人。

师：你说得很对。是啊，小作者不仅写出了看到的现象，还写出了想法和建议，值得我们学习。同学们，看到生活中沉迷玩手机的现象很严重，你们有什么想法或者建议呢？

生1：过于沉迷手机会影响与别人交往，我们不应该总是玩手机，应该用更多的时间关心身边的人。

生2：我建议不要没事就看手机，可以看看书或者看看远方。

生3：我觉得可以在看手机之前先给自己的手机设个闹铃，铃声一响就立即停止看手机。

师：这个主意挺不错的！同学们，你们发现了吗？我们可以通过举例的方法写出一种现象或者一个问题，还可以把自己的想法和建议提出来，当然了，如果我们的建议还是可行的那就更好了。大家现在一定清楚了这次的习作主要由两部分构成——

生：我们要先写看到的现象或者发现的问题，然后再写一写自己的想法和建议。

### 三、聚焦问题，写出想法

1. 聚焦问题，动笔练写。

师：同学们，前两天我就经历过这样一件事，让我印象特别深刻。那天我准备到附近的超市买东西，走路有点远，开车又担心停车不方便。于是我想到了骑共享单车，按照定位，我终于找到了一辆，但却没办法骑。

（课件出示：没有车座的共享单车图片。）

师：看到这样的现象，你有什么想法吗？

生：我特别生气，想对搞破坏的人说，赶快给我把车座装好。

师：可是我们却找不到搞破坏的那个人。

生：我想说，人人都应该爱护公物。

师：是啊，爱护公物，人人有责。这辆车不能骑，于是顺着定位，我又去找下一辆共享单车，很快我就找到了，你们看——

（课件出示：一辆完好的共享单车图片。）

师：终于找到了一辆完好的共享单车，车座，在，车轮，也在，结果还是骑不成。怎么啦？

生：车子被锁起来了。

师：看到共享单车被人私自锁起来了，你有什么想法？

生1：我要告诉这个人，不能把共享单车锁起来，共享单车就是要方便大家的，你锁起来了，别人怎么骑啊！

生2：我会告诉他，这个是共享单车，而不是"私享"单车！

师：同学们，我家住在一个比较老旧的小区，前一段时间每天回家都会发现楼道里有不同的图案——

（课件出示：楼道里贴满小广告的图片。）

师：不仅楼道的墙壁上贴着小广告，连楼梯扶手上也贴满了。看到这样的现象，你想说什么呢？

生1：我想对贴广告的人说，如果别人也给你家门口贴这么多广告，你是什么感受？

生2：请你不要贴小广告了，这样影响环境，让人看了很不舒服。

师：是啊，生活中让我们印象深刻并产生想法的现象挺多的，但是这次习作我们——

生1：只能选择一个来写，要写清楚看到的现象或者发现的问题。

生2：还要把自己的想法或者建议写出来。

师：非常好，现在就让我们从中选一个，开始写吧。注意了，一方面要举例子写清楚现象或问题，另一方面要写清楚自己的想法或建议。拿出自己的本子，选其中的一个问题或现象，开始写吧！

（生动笔写，师巡视指导。）

2. 交流评议，修改习作。

师：时间差不多了，很多同学也都写完了，我们来交流交流。先告诉大家，你写的是什么现象或者问题？

生1：我写的是丢自行车的现象。

生2：我写的是共享单车被私自锁起来的现象。

生3：我写的是有的同学沉迷游戏的事情。

生4：我写的是发骚扰短信、垃圾短信的现象。

生5：我写的是刷手机不跟别人交流的现象。

师：谁来读给大家听听？我们看看他是否写清楚了看到的现象，写出了自己的想法或者建议。

生：最近，奶奶说她的老年机总是滴滴滴地响个不停。我打开奶奶的手机一看，原来是手机短信满了，所以发出了滴滴滴的警告声。打开奶奶老年机的短信，我发现信息特别多，很多还都是未读的信息。我一条一条地看，帮她删除没有用的信息，这些垃圾短信很多都是广告，根本就没有什么用。

师：这个同学写得怎么样？

生1：她写得挺清楚的，我一听就明白了。

生2：我觉得这位同学值得表扬，她不仅写出了看到的现象，而且写出了自己的做法。

师：看到的现象、发现的问题写出来了，接着她该写什么了？

生：该写自己的想法或者建议了。

师：我们一起来听听，这位同学请你继续读——

生：我想说，这些发送垃圾信息的人真是太讨厌了，这些垃圾信息不仅没有用，还会给别人带来烦恼，请你们停下来吧，别再发送这些垃圾信息了。

师：写得怎么样？

生：挺好的。

师：其实，我们还可以进一步补充完善，比如，让电信部门——

生：让电信部门把这些垃圾信息屏蔽了，这样这些垃圾短信就发不出去了，老年人也就没有这些麻烦了。

师：是啊，这样写就更清楚了。同学们，今天时间非常有限，其他同学没有分享的，课后可以跟自己的同桌进行交流，相互修改，进一步完善。注意，一定要写清楚看到的现象或者发现的问题；同时，还要写出自己的想法或者建议。今天这节课我们就上到这里，下课！

## 深度评析

从小学生阅读与习作的难度看，作文难度明显要比阅读高；从语文教师教学角度看，习作课要上得出彩确实也很不容易。所以平时语文老师上公开课，习作课明显少于阅读课，这就很说明问题。下面我们借这堂课来讨论怎么将比较难上的作文课上得更加有效。

首先讨论习作题目。这篇习作的题目是《我有一个想法》，要求清楚地写出生活中的某种现象以及自己的一些想法。小学生写作文以记叙文为主，记人写事、写物状景，还要求写想象作文。写自己想法的作文在小学阶段，尤其是第二学段确实少见，我看好像也是唯一一次。学生写事情，介绍一个地方，写自己的奇思妙想，也会表达自己的感受，但习作中没有明确要求写想法。五年级上册第六单元的习作《我想对你说》要求学生给父母亲写信，表达自己的想法。五年级下册第八单元的习作《漫画的启示》也要求写出自己的想法。可见五、六年级习作要求写想法的比较多。三年级学生写自己的想法，发表自己的建议，是一种挑战，但是又不越位。因为课标第二学段有观察周围世界，能不拘形式地写下自己的见闻、感受和想象，把自己觉得新奇、有趣、印象最深、最受感动的内容写清楚的要求，所以对照课标年段目标来看，这个题目并没有超过课标要求，但是对三年级学生来说确实有一定难度。

这堂课的目标怎么确定？王老师提了两个要求：第一是把你发现的周围现象写清楚；第二是写清楚自己的想法，或者提出建议。写想法和提建议是两个不同层次的目标，提出建议难度更高。这次习作的最低目标是写自己的想法。

通过本次习作，可以提高学生观察周围世界的积极性，增强对生活的敏感度，并且要对周围生活发表自己的看法。这当中隐含着一个很重要的目标，就是让学生关注生活现象，从小能够关心社会，从小培养学生参与社会生活的主人翁态度。这个目标看起来"高大上"，但是作文本身就是介入社会、参与社会的表达训练，是促进学生社会化非常好的途径。这次习作练习要求学生直接展示自己观察到的社会现象，包括家庭的、学校的，也包括社区的。很多老师教这篇习作，让学生去关注身边的生活现象，对周围世界的一些现象发表自己的看法，提出自己的建议，这就是培养学生的参与精神。增强学生社会参与意识，培养主人翁态度是语文老师不应该忽视的任务。可能因为是借班教学的缘故，这堂课事先可能没有要求学生观察生活，课堂上讨论的写想法、提建议的材料，比如玩手机、共享单车乱象、乱贴小广告等现象虽然都是学生周围的现象，学生也比较熟悉，但是大都不是学生主动发现的。虽然课堂上学生也能提出自己的看法和建议，但是缺少学生主动观察社会现象的过程，这是否是这堂课的缺陷？

接着讨论这堂习作指导课的环节设计。第一个环节是导入环节。导入环节王老师花的时间很少，只有 4 分钟时间。王老师借助教材中本单元口语交际挤公交车和有人在景区乱涂乱画这两个社会现象，引导学生谈自己的想法，让学生提自己的建议，前后联系得非常巧妙。因为学生在口语交际课上讨论过这些现象，也发表过自己的想法，所以王老师在此基础上引导学生提出建议：谁能够提出好的建议？看到这种现象怎么办？一个学生说用文字做提示，一个学生说用栏杆来限制，这样的建议非常合理。教材里的一段文字只写了想法，王老师重点引导学生讨论怎么提出合理的建议，这样指导针对性就很强。

第二个环节是明确要求，教给方法。王老师对习作的目标把握正确，指导也很清楚。写清楚观察到的现象，然后提出自己的想法，最后给出建议。接着王老师结合"玩手机"这个社会现象，引导学生谈看法和建议。通过对生活实际现象的讨论能够让学生对本次习作的目标要求理解得更加真切，更加感性。这个环节设计应该说有必要，但时间稍微长了一点，整个指导过程用时 15 分钟，再加上开头的 4 分钟，一节课时间过半学生还没有动笔写。

第三个环节是出示共享单车和贴小广告两张图片，要求学生说说看到它们时的想法。这个环节王老师指导得很具体，随后进行全班交流，交流时引导学生对发言同学进行点评，口头交流了 6 分钟，再写下来，最后点评学生的习作。学生写作用时 9 分钟，点评用时 6 分钟。原来设计中最后还有一个提建议的环节，因为没有时间，这个环节就略过了。

纵观整堂课的教学设计，各个环节都是合理的，环环紧扣，指导具体，只是口头讨论时间过多，真正留给学生习作的时间只有 6 分钟，后来王老师发现学生完成不了，延长到 9 分钟。习作课学生没有充分时间动笔写，那么写作能力的提高就会受到严重影响。习作课主要用于提高学生的书面表达能力，老师应该合理分配指导讨论和动笔写的时间，是否应该留出一半时间让学生动笔写以及交流点评以后的修改？因为写作能力的提高是在学生动笔写作实践中才可能实现的。

习作指导课花很多时间指导讨论，最后学生写成习作以后却没有时间讨论交流了。其实作后讨论指导的效果更好，讨论后还可以再让学生自己去修改，这样指导的针对性会更强，学生也更容易理解。那么这堂课怎么指导会更加有效？我提几点建议。

第一要根据小学生的知识水平和生活经验，提供一些比较容易谈想法、提建议的生活现象。教材里提供的两个例子，第一个是爷爷过生日大家玩手机，这个例子让学生去谈想法我觉得可以，但提建议难度很高，因为这是非常难解决的社会问题，可能不是小学生能够做到的；第二个是教室里开辟一个植物角，这个例子学生提建议倒是可行。所以老师指导时要区分清楚，有些现象可以提想法，有些现象可以让学生进一步提建议，提出一些有效措施。例子选择确当对学生写好习作会很有帮助。就像王老师开始指导的挤公交车的例子，除了劝阻，还可以有什么建议？什么措施？这对发展学生创新思维，提高学生分析能力、观察能力及丰富社会经验都会有好处。

社会现象的例子可以由老师提出或利用教材资料中现有的，比如班级建立图书馆；家里的家务活都是妈妈或者爷爷奶奶干，怎么让自己或父亲也能够参与；怎样让爸爸戒烟，你有什么好的建议；有的同学上课经常迟到或经常不交作业，你有什么好的建议等。但最好是鼓励学生自己发现社会现象的例子，好的或不好的都可以。这样可以提高学生参与社会生活的积极性，提高学生对周围世界的敏感度。提出的例子合适可以很大程度上化解这篇习作的难点。

第二是提倡团队合作讨论，大家集思广益，通过智慧的碰撞能够拿出好的点子。学生思想水平、生活经验差异很大，思考问题的方法也不一样，通过团队合作共同提出好的想法，提出合适的建议，这对学生认识世界、丰富生活经验、学习思维方法都大有好处。学生说的想法或建议，有时候老师都不一定想得出来，所以集思广益非常重要。强化团队合作学习，让每个学生都参与讨论，谈想法、提建议，在此基础上全班交流碰撞，老师点评。学生深度参与了可以获得更加真切的体会。

第三是这堂课的环节设计，怎样更加合理，怎样增加学生动笔写的时间。我认为明确要求，教给方法以后，就让学生根据一两个现象，集思广益谈看法、提建议，然后交流，明确谈看法和提建议是两个不同层次的要求。将导入环节和第二个环节合并，时间控制在五六分钟左右。接下来再让学生抓住一个或两个现象谈看法、提建议，小组合作学习，看哪个小组的看法谈得好，哪个小组的建议可行性强，口头表达也可以，书面写个提纲也可以，然后进行交流。这个环节最好也压缩到 10 分钟内解决。这样可以留出 20 分钟时间让每个同学自己写一个生活现象，谈看法、提建议，然后同桌或小组互相批改。减少口头讨论环节就可以把时间放在更加有效的写作和评改上。

以上是我对这堂课的几点想法。当然纸上谈兵、口头说说相对比较容易，真正要在课堂教学当中实施可能还会碰到种种问题。

# 用好资料，有效介绍

## ——三年级下册习作《国宝大熊猫》教学实录及深度评析

教学过程

### 一、导入新课，激发学习兴趣

1. 借助谜语，了解大熊猫的主要特点。

师：同学们，我们先来猜一则谜语：手掌珍贵似明珠，行动笨拙傻乎乎。样子像狗爱玩耍，下水上树有功夫。猜猜看，这是什么动物？

生：熊猫。

师：你说熊猫啊，你见过的熊猫样子像狗一样吗？

生：不像。

师：那为什么一下子就猜到是熊猫呢？

生：因为今天要学的作文就是大熊猫。

师：这是一种思维惯性，猜谜语是要思考的，要抓住谜语中动物的特征才能猜正确。再想想看，"手掌珍贵似明珠""样子像狗爱玩耍"，这是哪种动物呢？

生：狗熊。

师：猜对了吗？我们来看结果。

（课件出示狗熊图片。）

师：猜对了，真好。我们再来猜一则谜语：叫猫不是猫，像熊没熊高。

想拍彩色照，墨镜摘不了。爱吃嫩竹叶，是咱国中宝。

生：这个是熊猫。

师：这次你是从哪里看出它就是熊猫的？

生1：因为它就是咱中国的国宝。

生2：我是从"想拍彩色照"中看出来的，因为熊猫只有黑白两种颜色。

生3：熊猫最爱吃嫩竹叶，看到"爱吃嫩竹叶"，我就猜出来了。

生4：第一句"叫猫不是猫"，熊猫的名字里面有"猫"这个字。

师：真好，大家学会抓住谜语中所说到的动物的特征来猜了，值得表扬！我们再来猜一则谜语：黑毛黑，白毛白，圆圆胖胖惹人爱。攀得高，爬得快，嫩竹野果当饭菜。

生：这个也是熊猫。

师：你是从哪儿看出来是熊猫的？

生1：第一句说"黑毛黑，白毛白"，熊猫只有黑毛和白毛。

生2：熊猫最喜欢把嫩竹和野果当饭菜。

生3：谜语中说"圆圆胖胖惹人爱"，熊猫就是胖乎乎的，非常可爱。

师：读了这两则谜语，我相信大家对熊猫已经有了一定的了解。下面我的这些问题，你们一定会回答，我们来抢答一下！第一个问题：熊猫吃什么？

生：熊猫吃嫩竹叶和野果。

师：熊猫身上是什么颜色？

生：黑色和白色。

师：熊猫看起来笨笨的，其实是很有本领的，它会干什么？

生：攀得高，爬得快。

师：今天我们就要写一写大熊猫。注意"熊"字上面是个"能"，下面有四个点。咱们一起来读一读它的名字——

生：大熊猫。

2. 借助资料，了解大熊猫的更多信息。

师：大熊猫是我们国家的国宝，大家见过大熊猫吗？能不能简要介绍介绍。

生1：我在动物园里见过大熊猫，熊猫非常可爱。

生2：我在熊猫基地见过很多熊猫，有大熊猫，也有小熊猫。熊猫喜欢吃竹子。

生3：熊猫胖乎乎的、笨笨的、憨憨的，很可爱。

师：同学们见是见过熊猫，但是一介绍就没词了，看来了解的相关资料还很少。在这儿，王老师为大家提供了一个"资料袋"，里面有很多关于熊猫的知识，请你快速地读一读。

| 课件出示 |

资料袋

大熊猫是国家一级保护动物，已在地球上生存了至少800万年，被誉为"活化石"和"中国国宝"。

大熊猫繁衍能力很差，幼崽存活率也相对较低，截至2019年11月，世界上野生大熊猫约1600只，圈养大熊猫约600只。

大熊猫长相可爱，给人的第一印象就是呆萌，无论是大人还是小孩看到，都会有一种天然的亲近感。可以说，大熊猫是人见人爱的。

（生默读资料，获取信息。）

师：读完的同学请举手，你一定获取了新的信息了。来，这位同学，你刚才只会说熊猫可爱，现在你还可以怎样介绍？

生：大熊猫是我国一级保护动物，它长相可爱，给人的第一印象就是呆萌，大熊猫被誉为"活化石"。

师：表扬你，借用资料，你的表达就更清楚了。你用到了一个很专业的词语——活化石，熊猫为什么被称为"活化石"？

生：因为大熊猫在地球上生存了至少800万年。

师：大熊猫不仅被称为"活化石"，还是我们国家的国宝，一起来读——

生：国宝大熊猫。

师：熊猫之所以被称为国宝，一方面是因为有着800万年的历史，另一方面是因为熊猫的数量特别稀少，从刚才的资料中，你知道熊猫数量稀少的原因了吗?

生：熊猫繁衍能力差，幼崽存活率低。

师：熊猫本身生的熊猫幼崽就少，而且很多会夭折，所以它的数量很少。有数据统计，到 2019 年世界上野生大熊猫约 1600 只，圈养大熊猫约 600 只，这样的数量真是太少了！我们在路边看见小蚂蚁，一群蚂蚁可能就有几百只了，可是熊猫呢，全世界总共才两千多只，数量极其稀少，因此被称为"国宝"。刚刚这位同学说熊猫很可爱，资料中也用到了一个词：呆萌。谁听过呆萌这个词?

生：呆萌就是形容特别萌，超级可爱，让人忍不住想摸一下，抱一下。

师：想不想看看呆萌的熊猫是什么样?

生：想!

(课件播放一组熊猫的图片，生欣赏。)

## 二、回顾课文，学习介绍方法

师：大熊猫呆萌可爱，人见人爱，被称为国宝，一定有很多小朋友都想了解大熊猫，特别是外国朋友。如果要介绍大熊猫，你准备从哪些方面进行介绍呢? 大家思考思考，完成下面的思维导图。

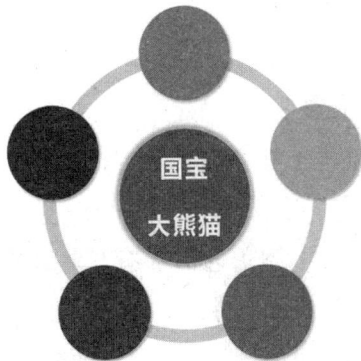

(生思考，填写思维导图。)

师：准备好了吧，我们来交流交流，谁跟大家说说，你准备介绍熊猫的什么?

生 1：我想介绍熊猫吃什么东西。

生2：我想介绍熊猫长的样子。

生3：我想介绍熊猫怎么玩的。

生4：我想介绍熊猫跟同伴在一起干什么。

师：同学们，大家想介绍的内容有很多，但面面俱到就很有可能都介绍不清楚了。我们来回顾一下本单元的几篇课文，看看对我们有什么启示。我们回想一下，《我们奇妙的世界》这一课是从几个方面来写的？

生：是从两个方面写的，写了天空的珍藏和大地的珍藏。

师：《海底世界》呢？

生：写了海底世界景色美丽和物产丰富。

师：《火烧云》这一课呢？

生：写了火烧云的颜色变化和形状变化。

师：比较比较，大家发现了什么？

生：作者介绍的都只有两个方面。

师：是啊，不能介绍得太多了，选上两三个方面就行了。

## 三、整合资料，修改完善表达

1. 动笔表达，形成初稿。

师：现在想一想，你准备从哪两三个方面来写大熊猫？想好以后，就试着动笔写一写。王老师建议大家写一行，空一行，一会儿修改就方便了。

（生进行练笔，师巡视指导。）

师：我看到同学们基本上都写好了，咱们来分享分享，谁写了大熊猫的样子，读给大家听一听。

生：一身黑白的皮毛，一副永远都拿不下来的墨镜，还有一个胖乎乎的身体，就凑成了那可爱、活泼的大熊猫。

师：这位同学介绍了熊猫的样子，很好，谁继续分享。

生：大熊猫为什么能成为国宝呢？因为现存的大熊猫只有两千多只，大熊猫生下的幼崽很少，而且不易成活。

师：这位同学用到刚才的资料介绍了大熊猫的数量，很好。谁接着来介绍？

生：国宝大熊猫想必大家都听说过，大熊猫看起来呆萌可爱，让人总想抱一下。可你如果去抱大熊猫，那可要注意了，大熊猫和熊一样，发起火来同样可怕。

师：这位同学介绍了大熊猫的习性，有没有人写到了大熊猫的吃食？

生：大熊猫主要生活在四川、陕西、甘肃等地区，十分爱吃竹叶、野果，有时也会吃一些肉。

师：这位同学介绍了大熊猫的吃食以及分布的地方，也不错。刚刚大家介绍了大熊猫的好几个方面，有一定的代表性，但是太简单了，寥寥数语。这也不能怪大家，因为大家对大熊猫的了解还有限。如果大家了解了更多的资料，我们一定会写得更好。

2. 阅读资料，汲取信息。

师：接下来王老师要播放与大熊猫相关的资料，同学们一定要拿出笔来把关键信息记下来，以便于修改习作时借用这些资料。

（课件播放大熊猫的视频资料，生观看，记录有用的资料。）

师：有没有获取新信息？记录下来的有用的信息超过三条的同学请举手。

（多生举手。）

师：获取的新信息越多，一会儿的介绍就会更清楚。我们再来看一段资料，我请几位同学读给大家听，看看你还能获取哪些有用的信息？

**| 课件出示 |**

大熊猫是"中国特产"，是中国特有的物种，现主要栖息地为四川、陕西和甘肃的山区。世界上其他国家没有大熊猫，其他国家动物园里的大熊猫都是从中国运过去的。大熊猫生活在海拔 2600 ~ 3500 米的茂密竹林里，那里常年空气稀薄，云雾缭绕，气温低于 20℃。

大熊猫每天除去一半的时间进食，剩下的一半时间多数便是在睡梦中度过。在野外，大熊猫在每两次进食的中间睡 2~4 个小时。大熊猫 99% 的食物都是竹子，可供大熊猫食用的竹类植物共有 12

属、60 多种。野外大熊猫的寿命为 18～20 岁，圈养状态下可以超过 30 岁。

大熊猫被野生动物协会选为会标动物，常常"担任"和平大使的任务，带着中国人民的友谊到各个国家去"旅游"，成为了我国和其他国家交流的纽带。大熊猫也成为野生动物中货真价实的"瑰宝"。

（几位学生读资料，其余学生记录相关的资料。）

师：收获不少吧！别急着写，还有一段更有趣的资料呢！我们来看看。

（课件播放有趣的大熊猫视频。生观看，笑声连连。）

3. 融合资料，优化习作。

师：现在大家可以选取你刚刚记录的有效信息，或者这段视频中的有趣场景来修改自己的习作，相信用好了资料，你的表达会更吸引人。

（生修改自己的习作，师巡视指导。）

师：谁来分享一下自己修改后的习作？

生1：大熊猫有一个白色的肚皮，戴着一副墨镜，威风凛凛，四肢黑色，圆滚滚的，好呆萌，好可爱。大熊猫主要生活在四川、陕西、甘肃等地区。它十分爱吃竹叶、野果，但是有时也会吃一些肉。大熊猫并不是猫，是熊科动物。大熊猫性格温顺，但也十分危险，也许会把你吃掉。大熊猫喜欢独居，昼伏夜出，至今，它已经存在了 800 万年，是中国的国宝，也是活化石。

师：稍等一下，这位同学写得非常好。我问问同学们，他的这段描述中哪些信息是从咱们刚刚阅读的资料中获取的？

生：活化石，还有呆萌，800 万年。

师：对，这都是从资料中获取的，大家看老师的板书，刚刚他介绍了大熊猫哪些方面的信息？

生：主要写的是大熊猫的样子以及吃什么。

师：你继续读，跟大家分享。

生：大熊猫的行为举动常常能把我们逗得哈哈大笑。大熊猫四肢短小，不能挠痒痒，就只能请大树帮忙。

师：听到这句话，大家有没有想到刚才的某个画面？

生：大熊猫在树上蹭痒痒的情景。

师：你继续读，跟大家分享。

生：大熊猫还有起床气呢！

师：这位同学写到了起床气，这个情景太有趣了，还有谁也写到了起床气？我再请三位同学到前面来，你们几个都读一读自己写起床气的部分，咱们相互学习一下。

（师请四生读起床气的部分，引导生进行交流。）

生1：大熊猫有起床气，它没睡好的时候，如果你把它弄醒了，它就会非常不高兴，甚至开始发火了。

师：谁来补充一下，此时大熊猫会有什么表现呢？

生2：大熊猫有起床气，它没睡好，你却把它弄醒了，它一定会发火的。瞧，它胡乱挥动着自己的两臂，一会儿跑到东边，一会儿跑动西边，还差点儿撞到了墙上。

生3：大熊猫有起床气，发起火来跟我们小孩子没睡好时差不多。它躺在那里，眼睛都没睁开，但是却乱叫着，胡乱地挥动四肢，还扭动着身子。

生4：大熊猫有起床气，谁要是把它弄醒了，它一定会大发雷霆。瞧，它一会儿胡乱叫着，一会儿胡乱挥舞着双臂，一会儿跑过来，一会儿跑过去，撞到东西了也不停下来。别说这些了，就连它最爱吃的竹子都不能幸免于难，直接被它折成了几段，随意扔到了一边。不过，大熊猫也有可爱的一面，它喜欢做头部按摩，在石头上把自己的头转来转去，好像在享受生活。瞧，它还哼着小曲呢。

师：大熊猫好悠闲啊！这是一只特别会生活的大熊猫，一会儿悠然自得地晃着自己的脚丫子，一会儿又开始在树上挠痒痒。有一个让我印象深刻的地方，就是大熊猫从树上掉了下来，为了化解自己的尴尬，它一下子就滚走了。好像在说：你们不是说我走得慢吗？我滚得快啊！

（众生大笑。）

师：这几位同学都写得非常好，我知道，还有很多同学也写得不错，但是时间过得太快了，马上就要下课了。王老师希望你们进一步借助资料完善自己的习作，并进行修改、誊写。当然，如果你能把自己的介绍录制成小视频发布出来，那就会有更多的朋友了解、喜爱我们的大熊猫，让我们一起来保护我们的国宝大熊猫。这节课就上到这里，下课。

## 深度评析

本单元的习作要求是"初步整合信息，介绍一种事物"。这次习作明确要求写"国宝大熊猫"，教材中有一个表格提供了一些大熊猫的信息，要求学生再查资料，补充其他内容。这是学生第一次学写动物。如何指导，我们从王老师的这堂课里可以获得许多启示。

第一，根据习作对象，提供大量知识。大熊猫是我国的国宝，可以说只要是中国人，没人不知道大熊猫。但知道是一回事，真的要写有关大熊猫的作文，仅仅凭三年级学生掌握的有关大熊猫的有限知识，以及教材中提供的一些信息材料，可能远远不够。根据学生的这一特点，王老师的做法就是课堂里大量提供有关大熊猫的知识，为学生提供习作材料的支持，解决学生写什么的困难。

这堂课王老师通过两个轮次，用各种方式为学生提供了大量有关大熊猫的知识。课堂导入用谜语引进，其实谜语中也包含有大熊猫的知识。接着让学生介绍自己了解的大熊猫，不少学生介绍了大熊猫的样子、习性、生活环境等。然后王老师出示大熊猫的资料，让学生观看大熊猫的图片。通过这些环节介绍，极大地丰富了学生对大熊猫的了解。如果谜语导入也算在提供资料之列的话，第一轮提供大熊猫知识资料大概用了 12 分钟。学生在确定了写大熊猫的哪几个方面以后，王老师又安排了第二轮资料提供，让学生看两个视频，读两段文字，最后又看了视频。这些视频和文字对丰富学生习作内容起到了很大的作用。没有这些材料支持，学生写这篇文章会有很大的困难，特别是那些对大熊猫不是很了解的学生，几乎是无从写起。如果就写大熊猫的外貌，真的没几句话就写完了。所以，这个环节的安排遵循了三年级学生的认识规律，符合学生的心理特点，化解了本次习作学生遇到的最大困难。

第二，根据提供的资料写作文，对学生来说就是信息获取、信息整合的过程。其中包含着资料获取、资料筛选、资料整合，这是一种非常重要的能力。王老师在习作指导过程中，很注重这种能力的培养。例如学生第二轮看视频时，王老师提醒："接下来王老师要播放与大熊猫相关的资料，同学们一定要拿出笔来把关键信息记下来，以便于修改习作时借用资料。"随后，学生在交流作文的时候，王老师随机点评。

获取资料以后并不能照搬照用，而是需要自己再加工。怎么去粗取精，怎么分类整合，这是整合资料的能力培养。这种能力其实在语文课中老师也要重视，这次习作就需要将平时积累的材料和这节课上获得的资料进行归类整合，选择、确定自己认为适合本次习作内容的材料。这就是作文的选材能力，也是一种重要的作文能力。第二板块王老师要求学生思考"你准备从哪些方面进行介绍呢"，完成思维导图，就是引导学生对获取的信息进行整合，选择材料，帮助学生厘清文章思路。

第三，简明扼要地指导习作方法。这堂课第二板块王老师专门安排了习作方法的指导环节，即整合获取的信息，从几个方面介绍大熊猫。方法指导这个环节用了 4 分钟。这 4 分钟时间怎么指导？先画思维导图，准备从哪几个方面写大熊猫，可以从它的样子、习性、生活地区、食物等方面介绍。画思维导图能够比较形象地帮助学生厘清文章的思路。接下来结合本单元的三篇阅读课文进行启发：《我们奇妙的世界》《海底世界》《火烧云》，这几篇课文都是从两个方面来写一样事物的。《我们奇妙的世界》从天上、地下两个角度介绍世界的奇妙；《海底世界》从景色奇异、物产丰富两个方面介绍海底世界；《火烧云》则是从颜色、形态两个方面介绍火烧云的变化。介绍的方面不要多，写两三个方面就可以了。注意这里仅仅是回顾性的整理，点到为止，要简明扼要。

这堂课习作方法指导用了多长时间？画思维导图加上三篇课文结构顺序的整理合在一起只有 4 分钟。当下语文老师上习作指导课，指导习作方法动辄 10 分钟 20 分钟，最极端的老师指导 30 分钟还不肯停止，这样学生还有多少时间写作呢？我认为习作方法指导主要是阅读课承担的任务。像从几个方面写一样事物，这个单元三篇课文教学应该把这个方法讲清楚了，作文课主要帮助学生迁移运用，当然可以用最少的时间复习回顾一下，切忌作为新知进行教学。这堂课王老师在方法指导上时间把控得非常好。

第四，当场写，当场交流点评。这堂课王老师安排了两次动笔写作时间，每次都安排当场交流环节。第一次交流的是五个学生，用时 4 分钟；第二次先是同桌互改，再是全班交流，用时约 8 分钟。两次交流用时约 14 分钟。前面说王老师作前指导时间只用了 4 分钟，其实两次习作交流点评也是一种习作指导，只不过是"作后指导"。对小学生来说文章写完了，到底写得怎么样，通过伙伴交流可以相互取长补短，从伙伴那里收获新的习作体验。在交流过程中王老师也会适当加以点评，有针对性地点评指导就相当于面批。当场面批当然比面向全体的指导要有效。学生经过写作实践有了亲身体验，因而王老师的点拨更容易让人理解，能够入耳入脑。

这堂课还有值得讨论的问题？我想提出三个问题。

一是这篇文章到底可以从几方面写。这个单元的几篇课文都是从两个方面来写一样事物的，所以王老师提出可以"写两个方面，写三个方面，不要多"。但是学生交流的时候，凭自己掌握的这些非常有限的材料，写两三个方面很难写成一篇文章。比如戴眼镜的那个学生交流的那篇文章就远不止两三个方面：他先写大熊猫的外形很呆萌，然后写大熊猫生活在四川地区，大熊猫吃什么，大熊猫的性格看起来很温顺，其实很狂暴，再写八百万年之前就有大熊猫，它是一个活化石，又写它的行为非常可爱，还特别写了大熊猫的"起床气"等，可能写了六七个方面，绝对不止两三个方面。所以王老师按照课文写作思路进行的指导，也就是作前指导的方法对学生写这篇作文并不管用，有些想当然。

二是这堂课的时间分配。我从四个方面来计算时间。第一是动笔写的时间：第一次动笔写用时 3 分钟，原来王老师计划写 6 分钟，结果给了 3 分钟；第二次写作用时 6 分钟。两次加起来是 9 分钟。第二是交流、点评时间：第一次交流用时 4 分钟；第二次交流用时 8 分钟。两次交流一共用时 12 分钟。写用时 9 分钟，交流用时 12 分钟，应该是写为主，交流为辅，交流时间比动笔写的时间多，比例有点失当。第三是介绍资料时间：第一轮资料介绍用时 12 分钟；第二次资料交流用时 7 分钟。两轮资料介绍用时共 19 分钟。一堂习作指导课一半时间是在提供资料，是否过于"奢侈"？其实资料介绍时间可以大幅度压缩，比如文字资料学生自己默读，学生自己整合获取的信息，不一定要请学生朗读，可以课前发给学生，让学生自己课外先去读。视频、图画集中放，减少讨论时间，这样就可以将主要时间放在动笔上。

当下的习作课，往往学生静下心来写作的时间太少，最后 6 分钟时间让学生动笔写，其实大部分学生没有写完。老师在动笔写方面应该要舍得花时间，如果有一半时间用在动笔写，或是交流以后的修改上，可能对学生的习作更有帮助。

三是学生写这篇文章最困难的是什么？可能不是难在写几个方面，而是每个方面怎么展开，怎么写清楚，怎么写得具体。这对三年级学生来说是最难的，其实对高年段学生来说也是最难的。我们分析学生的习作，有四个同学都写了大熊猫有"起床气"，这是从视频里看到的，学生印象很深。但学生写这个点最少的只写了一句话，另外两个进行补充也只补充了两三句，说不清楚，不会展开。最后那位戴眼镜的学生应该是写作水平比较高的，他写了一小段，"起床气"这个点写得最好。如果王老师能够让学生比较一下，谁"起床气"写得最好？为什么他写得好？比"我"写的好在哪里？这方面着重指导，对学生来说是最有帮助的。这个戴眼镜的学生写得好，其实不是王老师这堂课指导出来的，是他写作水平原来就比较高。像这样的学生老师怎么指导？我想也是有指导空间的。你看，刚才几个同学写"起床气"，你觉得哪些材料可以用？比如"熊脾气""被人惊醒了，谁跟他解释都没有用，气得嗷嗷叫"，这些描写都很生动，如果你没有写，就可以补充进去，这样你的文章就写得更好了。交流以后，能够把一些亮点收集起来，再次进行整合，这也是一种资料的获取、信息的整合。然后在原来的基础上再修改一下，这样，每一个学生都会在原来的水平上有所提高。好文章是改出来的，如果学生交流以后再有一次修改的机会，那么学生会不会更加知道怎么就某一个方面展开来写，把这个方面写清楚、写具体？

第六辑

语文园地教学

如何设计好《语文园地》的教学？一是要根据教材内容精准确定教学目标；二是多个教学内容不平均使用力量，要突出重点；三是要根据学情调整教学顺序，安排教学时间。

# 不断丰富积累　切实加强运用

## ——三年级上册《语文园地六》教学实录及深度评析

教学过程

### 一、日积月累，背诵古诗

师：同学们课前背诵了很多古诗，看来大家古诗积累很丰富，这样吧，我说一个诗人，看看大家知不知道。他叫李白，谁能给大家介绍介绍？

生1：他是诗仙。

生2：李白，字太白。

生3：李白和杜甫被称作"大李杜"。

生4：李白喜欢喝酒，喝了酒就能写出好诗。

师：李白写过一首诗叫《望天门山》，在这个单元第一课我们就学过，咱们来一起背一背。

（生背诵。）

师：李白写的诗特别多，大家看这一首也是李白写的。我们先练习读一读，自己读自己的。

（课件出示《早发白帝城》，生自由练习读诗。）

师：李白的这首诗叫《早发白帝城》。我请一位同学把前两行诗读给大家听一听，注意声音要响亮。

生1：朝辞白帝彩云间，千里江陵一日还。

173

师：这位同学声音响亮，特别值得表扬的是，这两行中有两个多音字，他全读对了。谁再读一遍？

生2：朝辞白帝彩云间，千里江陵一日还。

师：值得表扬，读古诗就应该像他这样，有点儿古诗的韵味，谁还可以像他这样来读？

生3：朝辞白帝彩云间，千里江陵一日还。

师：同学们注意看，这个"朝"字是一个多音字，在这里读的是zhāo，什么意思知道吗？

生：是早上的意思。

师：早上的太阳就被称为——

生：朝阳。

师：早上的云霞呢？

生：朝霞。

师：非常好，这里"朝"的意思就是早上。"朝"还有一个读音是什么？

生：cháo。

师：诗人李白是哪个朝代的？

生：唐朝。

师：对，唐朝的诗人李白写的"朝辞白帝彩云间"。"千里江陵一日还"的"还"也是一个多音字，在这儿的意思谁知道？

生：我觉得意思就是到了，回来了。

师：非常好，来，咱们一起读一读。

生齐：朝辞白帝彩云间，千里江陵一日还。

师：大家看这个字——辞，哪首诗里也有这个字？

生：故人西辞黄鹤楼，烟花三月下扬州。

师：不仅诗中会用到"辞"字，生活中，我们也会用到它，比如说你到别人家做客后，要离开了，就可以说——

生：告辞。

师：谁跟别人告辞过？你是怎么跟别人告辞的，当时说了些什么？

生1：再见。

生2：告辞。

生3：拜拜。

师：现在大家都记住这个"辞"了吧，下次你去同学家做客，合适的时候一定要记得干一件事情——

生：告辞。

师："千里江陵一日还"，千里远不远？

生：远。

师：这首诗的作者是唐代诗人李白，你知不知道唐朝人的交通工具主要有什么？

生1：马车。

生2：船。

师：对，无论是坐船，还是坐马车，有没有咱们现在的汽车、火车快？

生：肯定没有。

师：有没有飞机快？

生：更没有了。

师：都没有，说明挺慢的，但诗中却说"千里江陵一日还"。一天有多久？

生：一天是24小时。

师：不睡觉也不吃饭，乘船乘整整24个小时，一千里也不太可能走完啊。李白的诗虽然写得好，但是数学不太好啊，算错了吧。怎么回事？谁知道？

生：李白用的应该是夸张的手法，"千里江陵一日还"写出了他特别着急想回去的心情。

师：这个同学特别会理解，他说这是夸张，写出了李白当时着急的心情，你觉得他除了着急，还有一种什么心情？

生1：非常开心。

生2：兴奋。

生3：迫不及待。

师：带着这种心情，我们再来读一读这首诗。

生齐：朝辞白帝彩云间，千里江陵一日还。两岸猿声啼不住，轻舟已过万重山。

师：自己试着练习一下背诵吧。

（生练习后进行背诵。）

师：同学们看这两组字：猿——袁、啼——帝。试着读一读，你发现了什么？

生："袁"加上"犭"就是"猿"，"帝"加上"口"就是"啼"。

师：是啊，它们都是形声字，通过熟字加偏旁的方法，我们很快就能记住了。看到形旁我们还能了解这个字的意思。看到"猿"字是反犬旁，你就大概知道了这个字的意思了。

生：猿是一种动物。

师：一看到"啼"的左边是一个口，你知道了什么？

生："啼"跟声音有关。

师：这个声音你一定是听过的，说说看，你听过的啼叫声有什么？

生1：我在马场听见过马的啼叫声。

生2：我听过公鸡的啼叫声。

生3：还有婴儿的啼哭声。

师：其实，很多诗句中也有这个"啼"字，你想到了哪句诗？

生4：留连戏蝶时时舞，自在娇莺恰恰啼。

生5：春眠不觉晓，处处闻啼鸟。

生6：月落乌啼霜满天，江枫渔火对愁眠。

生7：千里莺啼绿映红，水村山郭酒旗风。

## 二、运用学法，集中识字

师：同学们，通过熟字加偏旁的方法，刚刚我们记住了"猿、啼"两个字。下面这些熟字，也可以加上偏旁变成新字，我们先来读一读这些熟字吧！

（课件出示：科、斗、我、旁、解、里、即、沙。生认读。）

师：我们给这些字加一个形旁，根据形声字的特点你一定会读，试试吧！

（课件出示：蝌、蚪、蛾、螃、蟹、鲤、鲫、鲨。生认读。）

师："鲤、鲫、鲨"这三个字加的偏旁是一样的，根据形声字的特点，你一定知道了这三个字表达的意思都跟什么有关？

生1：他们都是鱼类。鲨鱼是非常凶猛的，我在电影中看过。

生2：鲫鱼可以熬汤，很好喝。

生3：我吃过红烧鲤鱼，在超市里我见过鲤鱼。

师：前面几个字加的偏旁是——

生："虫"字，有的在左边，有的在下面。我对蝌蚪很熟悉，小时候我抓过蝌蚪，还养过呢。

师：结果呢？

生：养了一段时间，蝌蚪没有了，青蛙出现了。

师：还是让蝌蚪在池塘里自由地生活吧，不要把它们抓回家来了。我们看这个字——蛾，熟悉吗？

生：这是飞蛾的蛾，不是"曲项向天歌"里的"鹅"。我们家厨房里就发现过蛾子，晚上如果开着灯，它就会在灯的四周飞。

师：对，说得非常好，我们来看最后一个词语。

生：螃蟹。

师："蛾"是虫字旁，很好理解，可是"螃蟹、蝌蚪"也是虫字旁，你觉得对吗？

生：我觉得是对的，可能过去的虫跟我们现在说的昆虫不太一样吧。

师：王老师告诉大家，古代的虫不是我们现代科学意义上理解的昆虫，它包含的范围非常广，明白了吧。咱们把这些词语再来读一遍。

生齐：蝌蚪、飞蛾、螃蟹、鲤鱼、鲫鱼、鲨鱼。

师：大家能把这些动物分清楚吗？我来出图片，大家读出相应的名字来。

（师出示以上动物的图片，生读出动物名称。）

师：我们用上刚才识字的方法，再来试着认读几个词语。

（课件出示：狐狸、鹦鹉、茉莉。生认读。）

师：谁能看偏旁猜出意思？比如"狐狸"，看到偏旁，你知道了什么？

生：狐狸是反犬旁，所以狐狸是一种动物。

师：那鹦鹉呢？

生：鹦鹉是鸟字旁，所以它是一种鸟，一种很聪明的、会学人说话的鸟。

师：有个词叫——

生：鹦鹉学舌。

师：我们来看最后一个词。

生：茉莉。茉莉是一种花，很香，我还喝过茉莉花茶。

师：咱们再来读一读这几个词。

（生齐读。）

## 三、理解词语，尝试运用

师：我们再来认读几个字。

生：魏、汤、曹。

师：如果要给它们加一个偏旁的话，谁还会？

（课件出示：巍、荡、糟。生认读并组词。）

师：我们来读一读这三个词：颤巍巍、空荡荡、乱糟糟。

（多生读词语。）

师：大家发现没有，这几个词都是什么样的词？

生：ABB式的词语。

师：这样的词语我们应该积累下来。颤巍巍的意思同学们理解吗？什么样的人走路可能是颤巍巍的？

生：老人，他们走路的速度很慢。

师：再看看"空荡荡"，我们的教室算不算空荡荡？

生：不算。

师：人太多了，没有人的时候才能说是空荡荡。看到"乱糟糟"这个词，你想到了哪里？

生1：我妹妹把我的房间弄得乱糟糟的。

生2：我的书桌上乱糟糟的。

师：我们再来看看这几个词语。

生读：懒洋洋、慢腾腾、兴冲冲。

师：懒洋洋是什么样？我请一个同学用动作告诉大家什么叫懒洋洋。

（一生表演懒洋洋地写作业。一生表演懒洋洋地走了过来，懒洋洋地拿起了书，懒洋洋地把它打开，懒洋洋地开始读书。）

师：有点儿0.5倍速播放视频的感觉，确实挺慢的。好了，下一个词语——兴冲冲，谁来表演一下？

（一生表演兴冲冲地跑来，大声叫道："今天没有作业！"）

师：好了，咱们把这些词语都记下来，给大家一点时间，自己先练习练习。

（生记忆这些词语。）

师：这些ABB式的词语，不光要积累下来，还要会用才行。想一想，如果有一件特别开心的事，你可能会用到——

生：兴冲冲。

师：如果说房间里一点都不整齐，可以用——

生：乱糟糟。

师：如果这个空间里一个人都没有，可以用——

生：空荡荡。

师：如果说的是一个90岁的老人走路的样子，可以用——

生：颤巍巍。

师：如果说非常安静，可以用——

生：静悄悄。

师：谁能选一个词语说一句话？

生1：自习课上，教室里静悄悄的。

生2：我的爷爷已经92岁了，他走路颤巍巍的。

师：非常棒！

生3：我爸爸懒洋洋地躺在床上玩手机。

生4：我考了100分，兴冲冲地跑回家告诉了妈妈。

生5：一只小狗懒洋洋地趴在地板上睡觉。

生6：一只乌龟慢腾腾地爬向石头。

## 四、回顾写法，尝试表达

师：用词说句子，同学们做得特别好。我们增加一下难度，围绕一个意思说一段话，敢不敢挑战？

生：敢！

师：我们围绕下面的句子来说一段话。

| 课件出示 |

车站的人可真多……

我喜欢夏天的夜晚……

师：我们先来回顾一下本单元学到的课文，读一读交流平台的内容，看看你们能发现什么。

（生回顾后进行交流。）

生1：有的时候，一段话的开头就表达了这段话的主要意思，后面的内容都是围绕开头这句话来写的。

生2：我们可以把所围绕的句子放在一段话的最前头，也可以把它放到最后头，也可以放到中间。

师：接下来就给大家一点时间，同桌相互练习说一说，开始吧。

（同桌练习说话。）

师：咱们交流交流，我们先来说说"车站的人可真多……"，谁来跟大家分享分享？

生1：车站的人可真多，有小学生，还有中学生，有着急去上班的年轻人，还有准备去菜市场的老年人。

生2：车站的人可真多，有的人坐在长椅上等公交车，有的人拿着手机玩，有的人两两聊着天，还有的人望着公交车来的方向。

生3：车站的人可真多，人多得车站的站台上都挤不下了，有些人都排队排到外面了。

师：好了，咱们换一个话题："我喜欢夏天的夜晚……"谁来说说？

生1：我喜欢夏天的夜晚，一只小猫在公园的小路上静悄悄地走着，蝉趴在树上懒洋洋地睡着，月亮高高地挂在天空上给我们讲着故事。

生2：我喜欢夏天的夜晚，你瞧，那里在开音乐会呢，有飞虫在跳舞，有萤火虫在点灯，还有蟋蟀在拉小提琴，音乐会真热闹呀！

师：掌声送给她，太棒了！同学们，一节课的时间又过去了，留给同学们的作业是背诵李白的其他诗句，积累今天学到的好的词语。今天这节课我们就上到这里，下课。

## 深度评析

这堂三年级的语文园地课上得很生动，学生很开心。语文园地课怎么上，平时听到的公开课不多。这堂语文园地的课教学设计尽管中规中矩，但依然可以给我们不少启示。

第一，语文园地课要根据教材内容确定教学目标。"交流平台"部分王老师可能在本单元课文教学时已经进行了总结，所以这堂课基本没有涉及，这堂课主要教学的三大块内容是"识字加油站""词句段运用"和"日积月累"。其中"词句段运用"分为两个部分：一个是积累词语，选一两个词语写句子；一个是"用下面句子的开头试着说一段话"，这是重点。王老师这堂课的教学目标也是按照这三个内容来确定的。

第二，根据学生的学习心理调整教学顺序，安排教学时间。王老师把"日积月累"放在第一个板块，这样安排很好。因为上课开始15分钟是学生记忆力和注意力最好的时间，这堂课用时12分钟来教学唐诗，效果很好。

第二板块认读形声字。三年级学生有一定的识字能力，形声字难度也不高，所以王老师重点抓了一个形声字进行比较。这个板块用时6分钟，比较适当，不必过于展开。

第三板块教学ABB结构的词语。这些词不仅要积累，还要能够运用，这个意识值得肯定。这个板块用时12分钟，时间似乎多了一点。我建议把词语运用练习放在后面，与"车站的人可真多""我喜欢夏天的夜晚"结合起来，把"懒洋洋、慢吞吞"等词语的运用和说一段话合在一起设计成一个综合性的说话练习。这样教学 ABB 词语至少可以省一半时间。

"根据开头试着说一段话"，这项练习其实有两个知识点，一是这个单元语文要素提出的"写作时围绕一个意思来写"，还有一个是抓住关键词句理解一段话的意思。《海滨小城》和《富饶的西沙群岛》都渗透着这两个知识点。这里的"说话"不仅仅是表达练习，还渗透着"围绕一句话来写"这样一个知识点。写话练习大概用时 11 分钟，其实还可以延长一些时间，作为这堂课的重点让学生动笔写话，并且增加写话以后的交流，这样是不是更好。

第三，讲讲古诗教学。古诗作为重点放在开头，因为这个时候学生记忆力最好。课一开始就教学古诗我觉得很得当。让学生读懂《早发白帝城》这首诗，理解诗的大意，理解情感，背诵整首诗，这些基本要求把握得很正确。我最欣赏的是王老师根据这首诗扩展的另外四首古诗。抓住一个"啼"字，让学生说出哪些诗也有"啼"字。这样的扩展可以训练学生思维的灵活性，也是对学生记忆力的一种考察。王老师出示"春眠不知晓，处处闻啼鸟"，一个学生在敲脑袋，这么熟的诗我怎么想不起来？这是对背诵古诗的再次复习，也是对联想能力的训练。

通过"啼"字引出四首古诗是对学生背诵古诗的鼓励。"月落乌啼霜满天，江枫渔火对愁眠。""千里莺啼绿映红，水村山郭酒旗风。""留连戏蝶时时舞，自在娇莺恰恰啼。"学生背出这几句诗真不容易。学古诗就应该这样联想，这样扩展性地背诵古诗。一是起到了复习作用，二是可以进一步扩展学生古诗的积累，三是可以加深对"两岸猿声啼不住"的"啼"这个字的理解。通过一首古诗带出几首古诗，这样的教学设计非常好。

这里的扩展环节，如果王老师让学生背诵的不是带有"啼"字的两句诗，而是要求学生把这首诗完整背出来，甚至把整首诗都投影在黑板上让学生读读背背，不去讲诗的内容，效果可能更好。

古诗教学读熟并背诵是最基本的要求，《早发白帝城》一定要背下来的。老师还要鼓励学生多积累，多背一首是一首，能背几首算几首，这对学生提高人文素养，了解传统文化来说是实打实的举措。所以建议这个扩展性读背古诗的环节还可以再扩展些，再多花两三分钟，尽可能让学生多积累几首。

这堂课最需要讨论的是第二板块"说话练习"。怎么围绕一个意思写一段话是本单元的语文要素，也是单元习作要求。这个知识点其实就是先总后分，或是先概括后具体这样一种结构写法的迁移运用。

第一句"车站的人可真多……"，王老师在这里是否应该分辨一下，这句话可以有几种说法，可以用"有的……有的……"的句式。当然了，通过具体例子来说明车站的人很多的说法也很好。如果王老师抓住现场生成的资源，分辨一下，放大一下，可以让学生多学习几种表达思路，学生说话时就能有不同的顺序和不同的结构了。

第二句"我喜欢夏天的夜晚……"，建议大家仔细观察一下几个同学的回答。一个女同学说："我喜欢夏天的夜晚，一只小猫在公园的小路上静悄悄地走着，蝉趴在树上懒洋洋地睡着，月亮高高地挂在天空上给我们讲着故事。"这个学生的语言真好，说得也特别好，所以同学们鼓掌了。第二个同学讲得也不错："我喜欢夏天的夜晚，你瞧，那里在开音乐会呢，有飞虫在跳舞，有萤火虫在点灯，还有蟋蟀在拉小提琴，音乐会真热闹呀！"讲得诗情画意，像这种表达老师都应该鼓励。这时最好让学生比较一下，哪个同学的语言美、说得好。像这样的表达练习，老师应该在学生原有说话的基础上进一步指导学生提高语言表达的质量，这才能真正体现语文老师的指导水平。老师不仅要指导学生把"车站的人可真多……""我喜欢夏天的夜晚……"说对，还要落实在怎么把这些话说得更好上，树立典型，让说得好的同学再说几遍，让大家去品味、去比较，这是学生语言表达上最需要指导的地方。树立好的典型以后，还有一个很重要的环节，就是让学生在原有基础上再加上一些修饰语，把话说得更美一点，更好一点。王老师在前面课文中教的一些修饰词句的方法，比如使用拟声词，比如叠加形容词，比如好的句子搭配，包括这节课学的"懒洋洋、慢吞吞、空荡荡、兴冲冲"这些 ABB 词语，应鼓励学生灵活地用进去。老师不能满足于学生把话说对，这是他原来的水平，在此基础上怎么主动运用积累的好词好句，提高说话的质量，说得更加美一点，更富有诗情画意一点，这是语文老师应该追求的目标。

所以说话练习或许应该多安排些时间，学生说好以后最好能再写下来。

对学生来说，这堂课最有价值的教学内容是提高学生语言表达的质量。此外还要培养学生的一种意识，就是平时积累的词句要在表达当中主动、积极、灵活地去运用的意识。有了这种意识，学生会更主动、更积极地去积累。积累的价值就是在运用上，能运用才能体现积累的价值，才能促进积累质量的提高。所以这堂课的表达练习在如何指导得更加有效方面还有提升的空间。

# 在对比中发现　在实践中练习

## ——四年级下册《语文园地二》教学实录及深度评析

📑 教学过程

### 一、对比阅读，积累古诗

师：同学们，课前咱们背了好多古诗，不得不说我们班同学古诗的积累非常丰富，敢不敢接受一个挑战？

生：敢。

师：我说前半句诗，你来对后半句，怎么样？黄四娘家花满蹊——

生齐：千朵万朵压枝低。

师：谁敢一个人来试试？留连戏蝶时时舞——

生：自在娇莺恰恰啼。

师：这首诗大家都挺熟的，题目叫什么？作者是谁呢？

生：这是杜甫的《江畔独步寻花》。

师：打开课本，翻到《语文园地二》，大家发现了什么？

生1：这儿也有一首《江畔独步寻花》，作者也是杜甫。

生2：题目和作者完全一样，但是诗句是不一样的。

师：自己试着读一读这首诗吧。

（生练习读。）

师：这首诗要读好，有几个生字很重要，读好了这几个生字学习这首诗就没问题了。谁来试着读一读这几个生字？

（课件出示生字：畔、倚、簇。生认读。）

师：生字读对了，谁来试着读一读这首诗给大家听？

生：黄师塔前江水东，春光懒困倚微风。桃花一簇开无主，可爱深红爱浅红？

（该生把"倚"读错。）

师：声音响亮，但是有点问题，我们把"倚"这个字再来读一遍。

（众生读。）

师：这个男孩，你把第二行再来读一遍。

生：春光懒困倚微风。

师：很好，这次读正确了，咱们一起来读一遍。

（生齐读。）

师：特别棒，值得表扬！同学们，刚刚我们发现有两首诗都叫《江畔独步寻花》，题目一样，作者也一样，但是内容却不一样，大家猜测一下《江畔独步寻花》会不会还有一首？

（有的生说会，有的生说不会。）

师：有人说会，有人说不会。我告诉大家，还真有，而且还有好几首，课下你们都可以去读一读。这节课咱们先把这两首诗放在一起对比着读一读，大家看看这两首诗有没有相同的地方？

生1：这两首诗都是七言绝句。

生2：诗中都出现了花。

师：推测一下，这两首诗是在哪个季节写的？

生：春天。

师：有一首诗里直接就写到了"春"，是哪一句？

生：春光懒困倚微风。

师：微风吹来太舒服了，作者都想伸个懒腰睡觉了。相同点大家都找出来了，这两首诗有没有不同点呢？

生：地点不同，一首诗是在黄四娘家，一首是在黄师塔前。

师：同学们，下面我请两位同学对比着来读两首诗，一位同学读第一首诗的前两行，另一位同学读后一首诗的前两行。

生1：黄四娘家花满蹊，千朵万朵压枝低。

生2：黄师塔前江水东，春光懒困倚微风。

师：这么一对比，我们很容易就发现两首诗都在写花，但观花的地点却是不同的。我们再用同样的方法读后两行。

生1：流连戏蝶时时舞，自在娇莺恰恰啼。

生2：桃花一簇开无主，可爱深红爱浅红？

师：这两句谁发现了不同？

生：一首诗写到了蝴蝶、娇莺，写到了一些动态的事物，而另一首诗写到的是桃花，还提出了一个问题：可爱深红爱浅红？

师：就这个问题，谁来说说看，你喜爱深红还是浅红？

（多生说出自己的选择。）

师：这首诗的互动性很强，很有意思。现在请大家把今天的这首《江畔独步寻花》再读一读，试着背一背。

（生练读后尝试背诵。）

师：掌声送给她，非常好，只错了一个字，不过已经订正过来了。我们一起试着背诵一下。

（生齐声背诵。）

师：非常棒，这首诗中的这三个生字谁有好办法记住它们？

生：这些字都是我们最熟悉的字加了一个偏旁组成的。

## 二、加减偏旁，学习生字

师：刚刚我们通过加一加的方法记住了几个生字，现在我们来看一看大屏幕上的这些字，谁都认识，而且还能组一个词？

| 课件出示 |

中、介、止、凡、正、刘

生1：中，中间。

生2：介，介绍。

生3：止，停止。

生4：凡，非凡。

生5：正，正确。

生6：刘，姓刘。

师：有同学说这太简单了，不过，加一加后就不那么简单了，谁还会读，并且也能组一个词？

**| 课件出示 |**

月＋中——肿　介＋阝——阶　止＋足——趾

凡＋工——巩　正＋攵——政　氵＋刘——浏

生1：肿，肿胀。

生2：阶，台阶。

生3：趾，脚趾。

生4：巩，巩固。

生5：政，政府。

生6：浏，浏览。

师：同学们你们瞧，一个熟字加上一个偏旁就变成了一个新字，我们一起把这些词语读一遍。

生：肿胀、台阶、脚趾、巩固、政府、浏览。

师：我们再来看一个字，谁认识？

生：这是海滨的"滨"。

师：去掉偏旁变成了什么字？

生：宾馆的宾。

师：我们来看看下面几个字，谁来认读并组词？

**| 课件出示 |**

洁－氵——吉　减－冫——咸　挑－扌——兆

挺－扌——廷　预－页——予

生1：洁，清洁；吉，吉祥。

生2：减，加减；咸，咸菜。

生3：挑，挑水；兆，预兆。

生4：挺，挺立；廷，宫廷。

生5：预，预习；予，给予。

师：请同学们把这些词也来读一遍。

生：宾客、吉祥、咸菜、预兆、宫廷、给予。

师：我们在识字的过程中，有的时候给字加一个偏旁就成了一个新字；有的时候去掉一个偏旁也可以变成一个新字。如果我们遇到一个生字能联想到生活中的某一个事物，也可以很快把这个字记住。刚才在组词的过程中，有一个同学组的词让我印象特别深刻，她给"阶"组了一个什么词？

生：台阶。

师：看，这个就是台阶。这个人正在干什么呢？

生：上台阶。

师：上去之后还可以下来，也就是下台阶。下台阶的"台阶"其实还有特殊寓意，比如说：我给你个台阶下。听过没有？在什么情况下会这样说？

生1：听过。在无路可走的时候，别人给你一条路，就可以说："我给你个台阶下。"

生2："给台阶下"的意思是在你尴尬的时候，别人帮你转移话题。

师：没错！在你特别尴尬的时候，别人转移了话题，这就是给了你一个台阶下。你看下台阶有时候指的是行动上的下台阶，有时候指的是无形的台阶。我们再看一张图片，图片上的人在干什么呢？

生：拜年。

师：拜年就会说一些吉利话。谁告诉大家你在给别人拜年的时候说过什么吉利话？

生1：身体健康，万事如意。

生2：大吉大利，幸福安康。

生3：一帆风顺，年年有余。

生4：好好学习，天天向上。

生5：工作顺利，步步高升。

师：大家理解吉利了吧？如果我说，今天我来学校开的是吉利，同学们能理解吗？

生：能，吉利指的是吉利汽车。

师：随着时代的发展就会有新事物产生，吉利现在是一个汽车品牌。

### 三、比较学习，理解词义

师：同学们，我们来看一组非常有趣的对话，我请两个同学来读，一个同学读爷爷的话，一个同学读明明的话。

爷爷：明明，今天是星期天，你的作业写完了吗？现在干什么呢？

明明：写完了！我这会正在潜水呢。

爷爷：冬天这么冷，怎么还能潜水呢？可别感冒了。潜水就别打电话了，很容易把手机弄坏的。

师：听了他俩的对话，我看好多同学都笑得合不拢嘴。请问一下，此时此刻你的心情用下面的表情来表示的话，你会选哪个？

| 课件出示 |

生：我选哭笑不得的那一个。

师：为什么哭笑不得？

生：因为他俩说的不是一种事物。

师：好像说得也都对，但是好像没说到一起。爷爷说的潜水是什么？

生：背着氧气筒去海底潜水。

师：可是明明说的潜水是在干什么？

生：他在潜水的时候发 QQ 信息。

（众生笑。）

师：这个同学好像和爷爷生活在同一个年代，谁再来说说？

生：在上网的时候隐身就叫作潜水。

师：我们再来看一组词语：桌面、窗口、文件夹。看到这几个词语，你立刻想到的是这样的吗？

（课件出示：桌面、窗户、蓝色文件夹的图片。众生笑。）

师：随着时代的发展，现在你看到桌面、窗口、文件夹时，不应该只想到这些了。谁告诉老师你想到了什么？

生1：我想到了iPad。

生2：我想到了笔记本电脑。

师：大家看前面，我先把课件结束放映，现在你看到的是——

生：我看到了桌面，还看到了窗口和文件夹。

（请一生上台指出电脑屏幕中的桌面、窗口和文件夹。）

师：大家看，这些词都有了新的含义。还有些词语过去其实是没有的，随着时代的发展才出现，比如充电。爷爷眼中的充电，那必须要拿根电源线，没有电源线怎么充电呢？可是，现在我们说充电就不一定用电源了。我经常给自己"充电"，但是从来没有被电到过。谁知道充电还指干什么？

生1：指的是学习。

生2：放假的时候多看看书啊，多学学习呀，这就叫充电，并不是拿根电源线插在自己的身上。

师：再看绿色，原来的绿色只是一种颜色，现在的绿色还指什么？

生1：指的是绿色环保，比如说我们吃的食物，食品是绿色食品说明它们很健康，没有污染。

生2：也指绿色出行，比如骑自行车或者步行。

师：再来看一看云技术、多媒体、克隆、互联网，这四个词也是随着时代发展才出现的，有没有哪个你相对了解的？

生1：我知道克隆。

生2：我知道云技术。

生3：我知道互联网。

师：现代人如果没用过互联网，我必须得说你out了。

生：我知道多媒体。

师：今天上课我就在用多媒体。一会儿呈现的是图片，一会儿呈现的是文字，一会儿还会播放视频，这就叫多媒体。咱们现在就看一个视频吧。

（师播放介绍克隆技术的短视频。）

师：看了这个短视频，相信你对刚才出现的两个词都有印象，一个是克隆，一个是多媒体。通过对比，我们能发现相同和不同，同样一个词，在过去和现在有了不同的意思。生活中你有没有发现类似的词语？

生：比如粘贴，过去我们说的粘贴必须用胶水，现在说的粘贴直接用鼠标就可以实现。

师：是啊，只要留意生活，我们就会发现很多类似于这样的词语。

## 四、发现方法，学写句子

师：同学们，我们再来看看几个句子，这些都是我们在课文中曾经学过的，我请几位同学来读一读。

（课件出示句子，三生读。）

生1：地球上的第一种恐龙和狗一般大小，两条后腿粗壮有力，能够支撑起整个身体。

生2：如果把直径为一纳米的小球放在乒乓球上，相当于把乒乓球放在地球上，可见纳米有多么小。

生3：有一种叫作碳纳米管的神奇材料比钢铁结实百倍。

师：请同学们再仔细读一读句子，填写下面的表格，看一看课文中介绍的是什么事物。为了说明这个事物，借用的另外一种事物是什么？

**| 课件出示 |**

|  | 介绍的事物及相关信息 | 借用的事物 | 我的发现 |
|---|---|---|---|
| 1 |  |  |  |
| 2 |  |  |  |
| 3 |  |  |  |

（生读句子，思考，填写表格后进行交流。）

生1：第一个句子给我们介绍的是恐龙，为了说清楚恐龙的大小，作者借用了狗来说明。

生2：第二句作者要介绍的是纳米，借用了乒乓球和地球。

生3：第三句介绍的事物是碳纳米管，借用的事物是钢铁。

师：对比一下这两组事物，谁有发现？

生：作者要写的事物我们比较陌生，借用的事物我们比较熟悉。

师：是啊，要想把一个事物介绍清楚，特别是把相对陌生的事物介绍清楚，我们可以怎么做？

生：如果想要把相对陌生的事物介绍清楚，我们就可以借用熟悉的事物。

师：很好，我们来试试吧！大家看，这是一头鲸，平常能见到吗？熟悉吗？

生：不熟悉。

师：鲸挺大的，也挺重的，如果让你选一个我们相对熟悉的，还挺重的事物来写它，你会选什么？

生1：大象。

生2：卡车。

生3：牛。

生4：猪。

师：同学们再看一样事物，这是胡夫金字塔，资料显示，胡夫金字塔高146米。如果介绍它，你会选咱们身边什么事物？

生：我会选择楼房。

师：一层楼一般3米高，算算看，146米大概有多少层楼高？

生：胡夫金字塔高146米，相当于48层高的摩天大厦。

师：非常好，我们学校操场中间什么很高？

生：梧桐树。

师：这棵梧桐树大约9米高，换算一下，多少棵梧桐树才抵得上胡夫金字塔？

生：16棵梧桐树。

师：完整地说一遍。

生：胡夫金字塔高 146 米，相当于 16 棵梧桐树上下摞在一起。

## 五、梳理总结，拓展阅读

师：回顾一下刚刚我们所读到的句子，出自哪些课文？

生：《纳米技术就在我们身边》《飞向蓝天的恐龙》。

师：在这组课文的学习过程中，我们不仅要提问，还要尝试着解决问题，到底该怎么解决问题？我们看一看交流平台讲到了哪些方法，大家快速看一看，梳理梳理。

生：解决问题的方法有联系上下文、结合生活经验、查资料、向别人提问。

师：在这个单元课文的学习过程中，这些方法我们都用过，而且用得特别好，运用这些方法，大家确实解决了很多问题。同学们，在这个单元的后边还有一个快乐读书吧，要读的是什么书？

生：《十万个为什么》。

师：王老师从这本书里选了一个小片段，我们来读一读。

| 课件出示 |

莫斯科的地下城市

什么地方既没下过雨也没下过雪？

什么地方冬天暖和夏天凉爽？

什么地方白天和黑夜都很亮？

什么地方的河水会流过人们的头顶？

什么地方没有人常住，只有人偶尔经过？

什么地方的时钟上连指针都没有？

什么地方楼梯是自动工作的，门会自己打开？

（生默读，了解内容。）

师：有没有发现问题真的很多，数数看有几个问题？

生：七个。

师：谁给大家读读这几个问题？

（一生读这段话。）

师：这么一长串的问题，怎样解答呢？刚才我们梳理了不少方法，还记得是什么方法吗？

生：联系上下文、结合生活经验、查资料、向别人提问。

师：我们先自主思考思考，想想这段话写的是什么地方。

生：是莫斯科的地下铁。

师：这是你们结合生活经验推测出来的，咱们打开书看一看，看你能不能找到答案？

> **▌ 课件出示 ▌**
>
> 你可能已经知道答案了。
>
> 这七个问题共同的答案就是：在地下铁道里。
>
> 去过莫斯科的人，一定也去过地下街道。即使没有去过莫斯科，也一定听说过：莫斯科这座城市地底下有一个城市，并且它还有自己的街道和大理石宫殿。
>
> 沿着地下街道——隧道，从一个宫殿到另一个宫殿，到处都可以看到在路上行驶着华丽的电动机车。

生：找到了，就是莫斯科的地下铁。

师：这一次我们通过联系上下文的方法确定了答案。同学们，《十万个为什么》这本书里有很多问题，我们需要边读边思考，尝试着去解答。这节课的时间就要到了，最后王老师留给同学们两项作业：第一项，生活中还有哪些有新含义的词语，把这些词语收集整理并积累下来；第二项，在读《十万个为什么》的时候，希望大家能够用上本单元学到的四种方法，尝试着去解答问题。今天这节课我们就上到这里，下课。

### 📄 深度评析

刚才我们听了王老师上的四年级下册的《语文园地二》，我参加过不少教学观摩活动，《语文园地》的指导课也经常会听到，不过，像王老师这样上《语文园地》的还很少。所以，我想我们就借王老师的这堂课一起来讨论一下，《语文园地》怎么上才更有效，怎么上学生的收获才会更大。

首先要讨论的是这节课的教学目标。这一单元的《语文园地》有 4 个栏目，王老师确定了 5 个教学目标，我们一个一个来梳理一下。

第一个教学目标是梳理总结解决问题的方法，这个目标跟这个单元的语文要素相关联，也是《语文园地》中"交流平台"的主要内容，把这个单元学到的解决问题的方法作为一个教学目标，很合理。

第二个教学目标来自"识字加油站"。本单元的"识字加油站"通过"比一比""认一认""加一加""减一减"等方式，丰富学生的识字量，所以王老师的第二条目标确定为认识 12 个生字词。

第三、四个教学目标来自第三个栏目"词句段运用"。"词句段运用"里面有两道题目：第一道题目是词义的变化，互联网出现以后，原来一些词有了新的含义，词义发生了变化；第二道题目是照样子写一个事物，旨在通过比较的方法把一件事物介绍得更加具体，更加清楚。所以根据这个栏目王老师列出了两个目标：一个是学习一些新含义的词汇，一个是运用作比较的方法把一个事物介绍得更加清楚。我觉得非常合理。

第五个教学目标来自"日积月累"中的古诗。《语文园地》的教学目标怎么定？我想就应该根据《语文园地》里编排的内容来确定，应该尽量做到全覆盖，一个都不能少。这是关于教学目标的讨论。

《语文园地》如何设计好教学环节？一个策略是不平均使用力量，突出重点。这一点我觉得很值得老师们学习借鉴。《语文园地》里面有 4 个栏目，是不是一节课 40 分钟，每个栏目 10 分钟？不是！我们应该突出重点。

这堂课从整个环节设计来看，王老师的时间是这样分配的：他把最后一个栏目"日积月累"中背诵的古诗放在第一个环节。放在第一个环节好不好？我觉得太好了。因为中华传统文化的教育是语文学科的一个特别重要的任务，是语文这门课程的独当之任，其他学科也要承担这样的任务，但是担子远没有语文课来得重。现在的统编版小学语文教材因重视传统文化教育已经形成了一个特色，所以，古诗词背诵不仅仅要背诵课文中的古诗词，《语文园地》中的也要背诵，把它放在第一位很有必要，因为这时候是学生记忆力最旺盛的时候，注意力最集中的时候。我觉得把它作为第一个环节来强调完全有必要。

这堂课王老师在古诗词背诵上用时9分钟，背诵了两首诗，从效果来看，应该说大部分同学是能够背出来的。按理说背一首就可以了，王老师却教了两首，多教一首好不好？我是赞成的。《语文园地》里的诗的教学重点不在于理解，不在于古诗意境的感悟，学生对古诗内容大致懂得就可以了。王老师增加的一首诗也是杜甫写的，也是写看花的，我觉得很好。

第二个环节王老师安排了集中识字。集中识字好不好？好！识字是基础，在小学阶段更是基础中的基础。这里王老师安排了10分钟时间，让学生学会《语文园地》里的12个生字。12个生字相当于一堂课的识字量，我觉得这10分钟花得是值得的，学生不仅记住了字形，还了解了字义，学会了组词。所以，第二个环节把识字作为一个重点来安排，好！

第三个环节是理解词语，学写句子。"词句段运用"中一项内容是词语的变化，这种现象让学生了解一下就可以了；下面一项内容是"读句子，注意加点的部分，再照样子写一个事物"。这两项花的时间我统计了一下，前一个理解词义的变化环节用时9分钟，练习写句子环节用时7分钟，一共是16分钟。这个环节花的时间最多。我觉得这里花些时间也是值得的。但是我有一个想法，理解词义的发展和变化其实可以少花一点时间，而练习写句子可以适当地多花一点时间，因为无论是对四年级学生来说，还是对整个小学阶段的学生来说，这都是一个难点。小学生写文章写不具体，问题往往就出现在一些句子写不长、描述不清楚、不会形容上。像这样的一个句子练习，其实解决的就是小学生说话不清楚、说不明白的问题。这一环节，王老师指导的时候用时7分钟，他加了一个表格让学生去填写，学生的写作思路没有被充分打开，我觉得这是很可惜的。这个环节中，其实表格可以不填，直接让学生列举几种事物。王老师给出几个语境，让学生把这种事物说清楚，介绍明白，让人如见其形，如闻其声，像这样的实战训练对学生是非常有好处的。

把"解决问题"放在最后，王老师花了5分钟时间，我觉得这个安排是合理的。老师们可能会说了为什么单元的语文要素反而放在最后，反而只花了5分钟时间，是否合理？其实语文要素在前面几篇课文中学到过，老师指导已经花了很多时间了，所以，这里梳理一下，总结一下就可以了。对小学生来说，解决问题的方法关键不是总结，而是怎么运用这些方法。这些方法要在平时的生活中去运用，这里如果再花太多的时间，我觉得确实是没有什么必要的。

最后要讨论的是怎么根据学生的心理发展规律正确把握语文要素，也就是"提出问题"和"解决问题"。试着解决问题这个难点我们究竟应该怎么处理，我发表自己的一个观点：提出问题比解决问题更重要。小学阶段，其实四年级、五年级、六年级老师都应该把提出问题作为一个重要的阅读策略进行训练，让学生形成一个习惯，养成问题意识，经常提出一些有创造性的问题。

"解决问题"不是这个年龄段的重点，这是我着重讲的一个观点。另外，关于提问，我觉得要坚持多角度提问。对小学生来说，从内容上面提出问题，这是对的，但我们还应该引导学生从写法上、从表达上，从遣词造句、布局谋篇、文章的结构段落，包括标点符号的运用以及题目的命名等各个方面去咬文嚼字，提出问题，提高学生阅读的质量，让学生读文章的时候多长一个"心眼"。从表达的角度去欣赏，去咬文嚼字，这样学生可以获得更多的语文营养。这是我们语文老师要着重培养的一种能力，对学生来说，这是一种阅读的能力或者是阅读的方法策略。有了这样的方法策略，学生阅读的时候就可以比别人有更多的收获。其他学科的老师用不着这样去指导，去引导，但是语文老师应该这样去引导。这是我讲的对难点问题的处理。

王老师的这堂课，从整个设计过程来看，我觉得可以用"精心设计"来形容。整堂课上得很精致，很圆满，环节过渡非常自然。大家看到从第一个环节过渡到第二环节时，王老师抓住了古诗当中的两个生字，很自然地引到了第二环节的识字，过渡了无痕迹。第二个环节到第三个环节也是无痕处理，王老师从"吉利汽车""台阶"两个词引导学生发现了词义的变化后就过渡到了下面的词义理解环节。像这种了无痕迹的过渡一定是王老师事先精心设计的。

这堂课多媒体的使用也非常好。这里出现了"多媒体""互联网"，怎么解释"多媒体"？王老师让学生看了一个克隆技术的短片，这个短片是讲克隆技术的，是通过网络收看的，这也利用到了互联网，这样就让学生对"多媒体""互联网""克隆技术"都有了直观的认识，这个媒体使用非常巧妙。

总之，我觉得这堂课王老师花了很多的工夫，课备得很精致，在许多方面可圈可点。当然还是有些问题，比如刚才我讲的"提出问题""解决问题"方面，其实这也不是这堂课的问题，而是我们教材编写的问题。到底怎样编写才能够更加符合这一年龄段学生的心理规律和认知规律，怎么去引导才能更有利于学生提高语文素养，这些都是可以讨论的一些问题。